人很容易看出別人身上的缺陷，
卻常常看不清自己身上的不足。
因為，我們都只想聽自己想聽的事物！

沒有期限的目標，是永遠不會實現的……
認識自己的誤區，才會帶來人生的變革！

思維誤區

林郁　編著

前言

一般人的誤區（盲點）是無法面對真實的自己；包括他的環境、他的家庭、他的事業（職業）以及他的情感之路……因為這些挫折感，讓他以為全世界都拋棄了他，而在這世上也沒一個人能瞭解他。其實真正的情況是：大家都瞭解他，也因為他的惰性（不求上進之心），讓人只能避開他。所以真正的問題是他從來沒有面對自己的勇氣，只一味逃避，只能把自己與他人的距離，越拉越遠……

「面對自己」是一個簡單的字眼，卻是一個嚴肅的話題。我們活著，就是要懂得生活，對於會帶來讓我們生活產生不順利的情況，我們就應該重新審視一番，擺脫不良性格的束縛，重新出發！

在戒酒的無名會上，有一位牧師站在一群嗜酒者面前，決心向他們清楚地表明酒是一種絕無僅有的邪惡之源。在講台上擺著兩個相同的盛有透明液體的容器。牧師聲明一個容器中盛有清水，而另一個容器則裝滿了高度白酒。他將一隻小蟲子放入第一個容器，在大家的注視下，小蟲子游動著，一直游到容器邊上，然後徑直爬到了上面。於是他又拿起這隻小蟲子，將它放入盛有酒精的容器。大家眼看著小蟲子暈乎乎地轉來轉去、最後慢慢沉下去死了。

「好，」牧師說，「這其中代表什麼意思呢？」

沉默一會兒之後，才從演講廳的後排傳出來一個十分清晰的聲音，「我知道了，人人要是喝酒的話，就絕不會長出蟲子來。」

我很喜歡這個笑話，表面上是一個很好笑的「笑談」，可從心理學的角度，卻是可以解釋為，人人都有思考的能力，即使是嗜酒如命的酒徒，也能很清楚地給出了事物的答案——雖說它是一個「逆向思維」！

因此，我們可以理解，人人都可以改變自己，消除自己的誤區（盲點），「世界上那些最容易的事情中，拖延時間是最不費力的！」——你必須立刻行動！「大多數人都想要改變這個世界，但卻很少見到有人想改造自己。」——所以，如果不從自己本身做起，你只能是一個自暴自棄的人！

目錄 Contents

第一章

認識你自己

——尼采說：「離每個人最遠的，就是他自己！」

認識你自己——這句話刻在古希臘德爾斐地區的阿波羅神殿上，傳說是出自阿波羅的神諭，後來被多位哲人引用，包括西方第一位哲學家泰勒斯以及「我一無所知」的蘇格拉底，還有近代的哲學大師尼采，他在道德的系譜中說：「離每個人最遠的，就是他自己！」

所以說「認識你自己」，不止是文字表面上的「瞭解你自己」，還必須去好好的「審察你自己」！

1・自省的能力

托爾斯泰在《伊凡・伊里奇之死》中有一句：「如果我到目前為止的整個生活都是錯誤的，那該怎麼辦？」

稻盛和夫先生（一九三二—二〇二二）是日本知名企業家，享有「日本經營之聖」的美譽。他先後創辦過兩家世界五百強的企業，還以外行的身份拯救日本航空公司。僅用一年的時間，就將瀕臨破產的日本航空的業績從谷底飆升到頂峰，在全世界航空業內排名第一，且十年來保持世界第一的高收益。

稻盛先生大學畢業之後，由於經濟蕭條，就職非常困難，在老師的介紹下，他進入生產高壓電流絕緣體的「松風工業」工作。但這是一家很糟糕的企業，經營困難，還在銀行的托管之下。艱苦且糟糕的工作環境也曾經使他像其他人一樣苦悶徘徊。

同時入職的一些年輕伙伴已經一個個接連辭職，只剩下他一個人無處可去。辭職就等同於失業，尷尬的窘境讓稻盛和夫不得不下定決心投入到工作中去……

一九五九年，他創立了京瓷公司，由於沒有退路了，他反而把全身心投入到科技研發中，甚至住進了實驗室。結果研發取得了成功，周圍人對他的評價越來越好，這使他感受到工作的樂趣，於是更加地投入研發。工作狀態進入良性循環後，他居然用自己獨特的方法，成功合成了一種當時放眼全世界都是先驅性的技術。

稻盛和夫說：「在我對自己的境遇充滿牢騷、抱怨的時候，沒有一件事情的進展是順利的。但是，從我開始坦然接受命運，下定決心全身心投入到工作的那一瞬間，人生就從逆風變成了順風。」

他還認為：幸福人生的祕訣是——「人生的一切都是始於心，終於心。」

所以，他的人生哲學，就是「心的哲學」！

「如果忽視對心靈花園的養護，其中馬上就會長出如同雜草一般不純、錯誤的、不正確的東西；如果想讓心靈的庭院長滿美麗的花草——也就是讓人生充滿幸福、滿足與成功，就要在其中播散美好的種子，例如：真摯、誠實、正確、純粹的思想，並將它養育下去。」

他是這麼說，也是這麼做的。他經常對著鏡子自我反省，並發現自己出現傲慢的態度或輕浮的舉止時，就會對著鏡子中的自己毫不留情地大聲訓斥。

堅持每天自我反省，堅持時刻修正自己，讓自己保持正確的方向，在不知不覺中磨練了靈魂，提高了心性，稻盛先生的人生因此而無往而不利，堪稱圓滿。他是當之無愧的人生贏家！

「自省是人類特有的能力！」這話一點也不誇張。如果說，人類文明的各種進程，都是由於自省而創造出來的，這話也是名符其實的。

眾所皆知，猶太人是世界上最富有的民族，也是最不可思議的神奇民族，一個流散在世界各地二千多年，四處受到不公平的欺凌與壓榨，最終卻還能復國、建國，完成大業！

這在全人類的歷史上是從來沒有發生過的事！究其原因，猶太人從星期五夜到星期六夜的安息日，整整一天的時間，就是提供了猶太民族的「反省」思考時刻——上帝在關上了一扉門之後，也給人開啟了另一扇窗。人因為有了反省的能力，才能讓自己蘊育智慧，才能讓自己進步成長！

一、「自省」本質上是一種學習能力。

學習不只是學生時期的事，我們一輩子都在學習的課堂上。但是離開了強制考試，我們很難讓一個沒有自省能力的人坐下來反省自己，這也就是為什麼大多數培訓沒有效果的原因。

二、「自省」也是成熟的表現。

相對於凡是錯誤只會一味狡辯，遇到問題就歸咎外因，自省是一種很成熟的人生態度。只有成熟的人才會選擇直面過去的錯誤，才具備自查自省的能力，而不是閃爍其辭，逃避問題。

三、「自省」更是一種智慧。

懂得自省的人一定是謙虛的，內斂的，能在很多場合擺正自己的位置，人難免有錯，有了錯誤並不可怕，可怕的是不懂得反省自己，改正偏差。執迷不悟的人往往很容易就迷失了真正的自我。

2．智力並不等於幸福力

一般而言，智商（智力）高的人，總會引來人們注意的眼光！對於智商高的人在學習上，可能因為理解力強，反應力佳，所以總會排在資優的行列中。可是出了校門之後，有些人在社會上反而會混不出什麼名堂，到底問題發生在哪裡了？

法國有位臨床心理學家尚娜，她寫了一本《太聰明所以不幸福》的書，雖說書名有點聳動，可內容卻很實際。現實遠比想像更曲折，因為即使是這些（聰明）人，比平常人更認可心理學價值，更靠近心靈跟精神世界的他們，本書闡述的那些現象依舊遠超出認知範圍：存在著如此之大的群體，擁有超高智力，居然不是得天獨厚的人生贏家，而是背負不幸遊走主流邊緣的放逐者。

他們的不堪重負的高敏感知、強烈的自我懷疑與內耗，與主流格格不入的思維方式與行事方式，在成長跟成人階段帶來的是麻煩不斷、痛苦不停和筋疲力竭。

因為智商高而產生的自負，使他們的才能不是用在外部世界追求幸福上，而是被禁錮在跟自己的經年累月的鬥爭中。

是的，所謂優資是一種獨特的人格結構，高智力與高感知性質交織在一起，就會表現出又聰明又敏銳，同時也會產生又脆弱又情緒化的特質……

所以，我們要衡量一個人的智力，要看他是否能解決複雜的問題，能否在閱讀、寫作或計算等方面達到一定水平、能否迅速地解答抽象的方程式。根據這種觀點，只有正式教育和書本知識才是衡量一個人成就大小的真正標準。這就會助長一種知識勢利傾向，並會使得另外一些人悲觀失望。人們現在往往以為，一個人如果有很多文憑，如果某一方面成就突出（如數學、科技、詞匯量、記憶力或速讀），他就是「聰明」的。然而，精神病院裡，既有許多沒有受到良好教育的病人，也有受過良好教育的病人。事實上，衡量智力更切實的標準在於：能否每天、以至每時每刻都真正幸福地生活。

由此可見，如果你很幸福，又充分地利用生命的每分每秒，你就是一個聰明的人。善於解決問題的確有助於幸福，但如果你懂得，盡管你或許不能解決某一具體困難，你仍能使自己精神愉快、或至少不使自己不愉快，那麼，你就是聰明的。聰明人評價智力的標準，不是看其解決問題的能力如何，而是看其保持精神愉快、保持自我價值的能力如何？至於問題是否得到解決，那倒是次要的。

因此，根據自己在困難條件下所選擇的感情，你便可以確定自己是否是一個真正聰明的人。我們每個人所面臨的生活鬥爭幾乎都是一樣的，因為任何人只要同其他人進行社會交際，就會遇到相似的問題。意見分歧、矛盾衝突和妥協讓步，都是人們生活中的一部分。同樣，金錢財富、生老病死、天災人禍，也是每個人幾乎都要遇到的問題。在這些問題面前，有些人能夠經受住考驗，不使自己心灰意懶；另外一些人則會一蹶不振，甚至產生神經崩潰。

由此可見，一個人如果認為這些問題不過是生活的一部分、並且不是以這些問題的存在與否做為衡量幸福的標準，那麼他便是最聰明的——也是難能可貴的。

3．支配自己的力量

要想主宰自己，首先需要培養一種嶄新的思維方式。這可能是一件很困難的事，因為我們社會中的許多因素都妨礙著個人支配自己。你一定要確信，你每時每刻都能做出情感上的選擇。這是一個基本概念。你也許從小到大都認為，自己的情感是無法控制的；憤怒、恐懼、怨恨、愛慕、喜悅、歡樂等情感是自然而然產生的，個人對它無能為力，不能控制，只能接受；你還可能認為，每當發生悲傷的事情，你就會自然地感到悲傷，並希望出現一些愉快的事情使你的情緒好起來。

如果你將「情緒」看成是一種可以選擇的因素，而不是生活中的必然因素，那麼你就已經學會依自己的選擇來控制感情了，那麼恭喜你，你已成為一個有智慧的、踏上「智慧之路」的人了。

法國思想家帕斯卡說「人是一根會思考的蘆葦」，因此「我思故我在」，你是自己情緒的主人，你當然可以主宰自己的一切。

一、我可以控制自己的思想

你的思想屬於你自己，完全由你決定是否加以保留、改變、省察、審視或交流。除了你，誰都無法鑽進你的大腦，也不能像你那樣體驗你的思想。你的大腦完全屬於你自己，你可以完全控制住自己的思想，並可以根據自己的意願加以利用。

二、我的情感都來自於我的思想

無論是科學研究還是常識判斷的結果都可以證實這一點。沒有思想，便沒有情感；喪失了大腦功能，「感覺」能力也就不復存在了。一種感情是對一種思想的生理反應。只有從思維中心得到某一信息之後，人才會出現哭泣、害羞、心跳加速以及其它各種可能的情緒反應。一旦思維中心受到了損壞或發生故障，你就不會做出任何的感情反應了。

三、我可以控制自己的情感

如果你能控制自己的思想，而你的情感又來源於你的思想，那麼你就能控制自己的情感，即通過支配那些引起情感的思想來控制情感。你可能以為，是外界事物或其他人使得你精神不愉快。然而，這是不確切的。使你精神不愉快的，正是你自己，因為你對生活中的人或事有著這樣或那樣的看法。要使自己成為一個心情舒暢、精神健康的人，你就必須改變自己的思維方法。一旦做到這點，你將體驗到新的情感，那麼，你就在通往「個性自由」的道路上邁出了第一步。（個性自由：即非偶然性的個人，而是真正存在於有個性的個人。）

4．建構新思維

掌握新的思維方法並不容易，因為你已習慣於一定的思想方法以及由此產生的各種消極觀點，而摒棄迄今為止所養成的舊的思維習慣，非得花大氣力不可。下功夫保持精神愉快是很簡單的，但要學會擺脫精神不愉快卻十分困難。

精神愉快是人的一種自然狀態，只要看一看天真活潑、無憂無慮的小孩，就可以認識到這一點。保持精神愉快並不難，難的是要摒棄過去所接受的「你應該」、「你必須」等框架。要想主宰自己，首先要有自我意識。盡量不要說「他傷了我的感情」之類的話。你在做每一件事時，都要意識到自己在做什麼。在思維方面，也是溫故方能知新。當然，你已經習慣於自己原有的思維方法，總是認為你的各種情感是外界因素作用的結果。要知道，你是用了成千上萬個小時才養成並鞏固了這種思維方法的，因而你也需要花成千上萬個小時來掌握並運用新的思維方法，即對自己情感負責的思維方式。

一、選擇——向左向右都是你的自由

有人說，人生就是在選擇與被選擇之間擺盪！

你可以選擇精神愉快，摒棄精神不愉快。同樣道理，在日常生活中，你也可以選擇自我充實行為，摒棄自我挫敗行為。如果開車上班，你會遇到交通堵塞。在這種情況下，你會生氣嗎？你會咒罵其他司機、遷怒於他人嗎？你如何為自己這種行為辯解？說你一碰到交通堵塞便感到焦躁不安、完全無法控制自己嗎？如果是這樣，那就說明你已經對自己在交通堵塞時的行為產生了固定看法。

不過，假如你決定思考一下別的事情呢？假如你以積極的方式利用自己的大腦呢？雖然這並非輕而易舉之事，但你可以學著改變思考方式，逐步適應各種新的行為，譬如打開手機的擴音器，向你的辦公室交待一些事，或和商業朋友討論某個未商定的議題。你甚至可以推遲三十秒鐘再發脾氣。這樣，你並沒有學會喜歡交通堵塞，但你已開始逐步進行新的思考。你已經決定擺脫不自在的感覺，選擇用健康的新情感和新習慣逐步取代昔日的自我挫敗情感。

顯而易見，做任何事情時，你都可以盡力獲得樂趣或啟發。無聊的宴會和事務性會議都是你培養新情感的好場所。當你感到厭煩時，你可以積極地利用大腦，或者用幾句關鍵的話扭轉整個談話的主題。積極地使用大腦意味著：對你感到最為頭痛的人和事做出估價，爾後通過新的精神努力使其為你服務。比如在餐廳裡，你如果常常因為服務生的態度不佳而惱怒，那麼首先你不妨考慮一下：

為什麼僅僅因為某人或某事不合你的意就大為惱怒？而為你生活中如此微不足道的一個人而惱怒，實在太不值得。然後，你可以設想一些解決問題的辦法，比如離開這家餐廳，或者採取其他辦法，但絕對不要自尋煩惱。利用你的大腦，你最終一定會養成隨遇而安的好習慣。

二、選擇——生活中的美好

生活是一個萬花筒，五彩繽紛，可嚴格說來，生活只有黑白分明的兩種顏色，再加上一點中間色調——灰色。

在生活中人的思考總會像那個寓言中有兩個兒子的老太婆，雨天她擔心賣草帽的大兒子沒生意，晴天她擔心賣雨傘的小兒子沒生意。於是，老人家一天到晚都是愁眉不展。有一天一個和尚走了過來，問清她的煩惱之後，告訴她，只要轉念就能改變一切，做法就是要她在晴天想大兒子生意十分火紅，在雨天要明白小兒子可忙不過來了。於是，她此後整天都是笑顏逐開……

轉念——在黑白分明的世界中，可以將負能量變為正能量。

至於中間色調（灰色），我們最常見的應該是模稜兩可的健康問題吧！由於現代人特別注重養生之道，所以就讓很多生意人逮到了可趁之機，還有一些外行人穿起白大褂搖身一變也就變成了某某專家，創造了無限的商機……至於有沒有效果，那就不得而知了。

另外，還有一些「偽病者」，明明沒什麼問題，卻自認為不太對勁，打個噴嚏就認為是感冒了，睡過頭了就說是頭痛，滑了一跤可能鈣不足……越來越多事實表明，各種舖天蓋地、包羅萬象的各種症狀的藥品廣告，把人們變得神經兮兮地，懷疑自己是否也有「不足之處」了，儘管有些疾病是先天遺傳或是自然產生的，但在治療所謂的「不治之症」的患者時，研究人員認識到，幫助患者打消希望生病的念頭可能是消除內在病源的一種手段。有些民族就是這樣消除病痛的，他們主張完全控制人的大腦，並認為「自我控制」實際上就是大腦控制。

其實，健康之道就是「有病求醫、無病求己」；有病根據症狀，尋求專科醫生的幫助，無病就要靠平時的鍛練來增強身體的素質，提升免疫力。

我們每天都接收到無數類似的信息，其中的寓意顯而易見：做為人來講，我們對外界無能為力，必須求助於其他人或事物。這真是荒謬之極。只有你才能改變自己的命運並給自己帶來幸福。應該由你來支配自己的大腦，根據自己的意願來體驗情感、來做出為人處世的基石。

三、選擇——積極性的生活步調

當你審視自己選擇幸福的能力時，應當記住，「惰性」一詞反映著你在生活中的消極情緒。當然，你或許認為氣憤、敵意、羞怯等其它情緒都是在某些情況下人們應該做出的反應，因而並不放棄它們。我們則認為，如果這些情緒會使你產生惰性，你就應當摒棄它們。

惰性的表現形式多種多樣，包括極端的懶散狀態以及凡事都猶豫不決。你會不會由於生氣而不能說話、不能感覺或不能做事，會不會由於羞怯而不敢去見你希望結識的人？假如是這樣，就說明你已經陷入惰性，並錯過了你本應體驗到的一些經歷。又例如，你的嫌惡感和嫉妒心是不是使你患潰瘍或血壓升高？它是不是妨礙你有效地工作？你會不會由於一時的消極情緒而無法入睡或不能過性生活？所有這些都是惰性的表現。所謂惰性，就是你無法按照自己的願望進行活動的一種精神狀態。如果你的情緒使你陷入這種精神狀態，那你就應立即努力擺脫這種情緒。

克服惰性的方法之一是學會在現實中生活。現實生活，觸及你的「現在」是真正生活的關鍵所在。細想一下，除了「現在」，你永遠不能生活在任何其它時刻，你所能得到的只是現在的時光，未來在到來時也只不過是另一個現在。

有一點可以肯定：在未來到來之前，你是無法生活於未來之中的。然而，我們的文化傳統總是降低現時的重要性，——「為將來而積蓄」、「要考慮後果」、「不要過於注重享樂」、「想想今後」、「為退休做好準備」等等。

最後，我用亨利・詹姆斯在小說《大使》書中的一段話，與大家共勉之！

「盡情地生活吧，否則，就是一個錯誤。你具體做什麼都關係不大，關鍵是你要生活。假如沒有生命，你還有什麼呢？……失去的就永遠失去了，這是毫無疑義的。……所謂適當的時刻就是人們仍然有幸得到的時刻，……生活吧！」

5．改變自己才能改變人生

當你決定在生活中保持愉快並為此做出努力時，你可能用兩種不同的需要做為動力。比較普遍的一種是所謂的缺陷或動力不足，另一種則更為積極，叫做發展動力。

如果將一塊石頭放在顯微鏡下仔細觀察，你會注意到它沒有任何變化。然而，如果放上一個珊瑚蟲，你就會發現珊瑚蟲在生長變化。結論：珊瑚蟲是活的，石頭是死的。應怎樣區別一株活著的花和一株死掉的花呢？很簡單：生長的那株花是活的。生命的唯一標誌是生長發展。這一標準也同樣適用於人的精神世界。如果一個人在發展，他就具有生命力；如果停止發展，他就失去了生命力。

人在生活中的動力應當是要求發展的迫切願望，而不應是出於彌補不足的被動需要。只要你認識到自己可以發展提高，並不斷充實自己的生活，這就足夠了。當你決定要使自己陷入惰性或產生不健康情感時，你已經做出了停止發展的決定。以發展為動力，就意味著發揮自己的生命力以取得更大的幸福，而不是因為自己有某些過失或不足，才感到有必要提高。

只要選擇以發展為動力，你最終一定能夠支配自己現時生活的每一時刻。有了這種支配能力，你便可以主宰自己的命運，既不會感到力不從心，也不會人云亦云，毫無主見。有了這種支配能力，你便能夠決定自己的外界環境。蕭伯納在其劇本《華倫夫人的職業》中寫到：

「人們通常將自己的一切歸咎於環境，而我卻不迷信環境的作用。在這個世界上，有所作為的人總是奮力尋求他們所需要的環境；如果他們未能找到這種環境，他們也會自己創造環境。」

所以說，改變一個人的思維、感覺或生活方式是可能，但絕不是輕而易舉的。應當記住這一點。我們不妨做一個假設。假如有人用槍逼著你，命令你在一年之內完成某項十分艱巨的任務，比如在四分三十秒內跑完一公里，或者從跳台上做一個標準跳水動作；你若是完不成這一任務，便要被處死。在這種情況下，你就會為自己制定一個嚴格的計劃，每天堅持訓練，直到最後期限的到來。你不僅將強迫自己訓練身體，而且也將訓練自己的大腦，因為大腦支配身體。你將一遍又一遍地反復訓練，絕不會放鬆努力或放棄訓練。這樣，你最後就會符合規定的要求，從而免於一死。

當然，這個小故事是要說明，任何人都不能一下子就自己訓練出來，然而許多人卻期望自己的大腦能迅速適應新的要求。我們在努力學習新的思維活動時，往往希望在嘗試一次之後，這種行為便會立即成為習慣。

如果你確實希望擺脫各種不健康的行為、在生活中有所作為並做出自己的選擇，如果你確實希望精神愉快，你就必須像完成任何一項艱巨任務一樣，對自己嚴格要求，摒棄迄今為止所養成的自我挫敗的思維方式。

因此，如果你要確實地主宰自己，你就可以做出如何改變自己的選擇，只要你選擇走上積極的路，你就可以馬上享受從現在開始每分每秒的不同人生！

第二章

愛自己並不是迷失自己

——你越愛自己，就越不需要依賴別人

如果你問別人，「你是否愛自己？」回答應該都是肯定的。那麼如果你也問自己，「我是否愛自己」時，你會聽到自己怎樣回答呢？

你可能患有一種社會性的「疾病」，一種並非打一針就好的疾病。你很可能沾染上自我輕視的病毒，唯一的治療方法便是大劑量地服用「自愛藥丸」。但是，像社會中許多其他人一樣，你可能從小到大一直認為愛自己是不對的。社會告訴我們為他人著想；教會告訴我們愛你的鄰人。似乎大家都忘記了「愛自己」，然而，如果你想得到現實的幸福，就必須學會愛你自己。

如果從孩童時代起，別人就告訴你，愛你自己——盡管當時這對你是十分自然的——但懂事之後卻覺得這無異於自私的表現。你已學會先人後己、多想別人，因為這樣才顯示出你是個「好」人。

所以這時你學到的是，愛他人才是愛自己的表現，別人比自己重要，不能相信自己的判斷，這時的「愛自己」反而變成了「迷失自己」！

1 · 愛的定義是什麼？

不同的人對於愛有不同的定義。現在來看看下面這個定義是否合適：愛，就是能夠並願意讓你所關心的人根據他們自己的意願處世做人，而不強求他們滿足你的意願。從定義上講這或許說得過去，但實際上幾乎沒有人能接受這一定義。那麼，你如何能夠讓別人根據其意願處世做人而不強求他們滿足你的意願呢？答案非常簡單。——愛你自己，意識到你是重要、美麗而有價值的。一旦你認識到自己的價值，便不必依賴別人提高你的價值，也不會強求別人的言行符合你的旨意。如果你有安全感，你便既不希望、也不需要別人同你完全一樣。

首先，你是獨一無二的。再者，強求別人與你一樣將使他們失去自己的獨特性，而你之所以愛他們正是因為他們有著獨特、與眾不同之處。這就對了。你首先學會了愛自己，很快便可以愛別人，並通過幫助自己、關心自己來幫助別人、關心別人。這樣，你對他人的幫助中沒有虛偽的成份。你幫助別人，不是為了博得感謝或獲取獎賞，而是因為你從幫助別人或愛別人之中能夠享受到真正的快樂。

然而，倘若「你」是一個毫無價值、不為自己所愛的「你」，那麼幫助別人則是不可能的。如果你自己毫無價值，你又怎麼能去愛別人呢？即便去愛，你的愛又有什麼價值呢？而且如果你不能給他人以愛，你也就不可能得到他人之愛。的確，如果將愛給予一個毫無價值的人，這種愛又有什麼價值呢？愛——無論是給予他人還是得之於他人——首先要從完全自愛開始。

你可根據自愛的能力來審視你所有的自我感覺。不要忘記，自我嫌惡無論如何不是一種比自愛更為健康的情緒。即便你不喜歡自己的某些行為，也不要嫌惡自己，嫌惡自己只會使你陷入惰性並受到損害。不要嫌惡自己，應當發展積極的情感——從錯誤中汲取教訓、下決心不再重犯，但無論如何不要將錯誤與你的自我價值等同起來。

這便是自愛和他愛的實質所在。千萬不要將你的自我價值與你的行為、或別人對你的行為這兩者混同起來，這同樣是不容易的。社會的信息是不可抗拒的；大人們常常說，「你是個壞孩子」，而不是說「你的行為不好」；媽媽說，「你要是那樣做，媽媽就不喜歡你」，而不是說「媽媽不喜歡你那樣做」。你從這些信息中可能會得出這樣的結論：「媽媽不喜歡我，這下我可完了」，而不是「媽媽不喜歡我，這是她的決定；盡管我不喜歡她的決定，但我仍是有價值的」。有位先生曾總結了根據別人的評論確定自我價值以及將別人的看法與自我價值相等同的思維過程：

——媽媽喜歡我，

——我感到愉快；

——我之所以愉快是因為她喜歡我。

——媽媽不喜歡我，

——我感到不愉快；

——我之所以不愉快是因為她不喜歡我。

——我是個壞孩子，因為我不愉快；

——我不愉快，因為我是個壞孩子。

——我是壞孩子，因為媽媽不喜歡我；

——媽媽不喜歡我，因為我是壞孩子。

孩童時代的思維習慣並不隨著年齡的增長自然消失。你可能仍在根據別人對你的看法來確定自我形象。儘管你最初是根據成年人的看法來確定自我形象，但你不應帶著他們的看法過一輩子。不錯，衝破舊框架的束縛、擦拭尚未痊癒的傷痕不那麼容易，如果和墨守陳規的後果比較，倒還是後者更難對付。通過精神訓練，你可以做出某些使你驚奇的自愛選擇。

2．學會自我接受

首先，你必須摒棄這一觀點：你只有一個或積極或消極的自我形象，實際上，你具有許多自我形象，它們經常在變化。如果要你回答：「你喜歡自己嗎？」你可能傾向於將所有消極的自我形象匯集起來，說「不」。可是，如果你能具體分析自我嫌惡的表現與實質，你就可以明確努力的方向。

也許你的確有一些自己所不喜歡的身體特徵。如果這些特徵可以改變，下決心去改變它們。如果你的腿太粗或髮色不合適，你可將其視為過去做出的選擇，現在再做出新的選擇加以改變。至於你所不喜歡、而且又無法改變的那些特徵（如個子太矮、眼睛太小、乳房太平等），你可以用一種新的眼光來看待。任何事物都沒有過好或過壞之說，腿長絕不比有頭髮或沒頭髮更好或更壞。你或許在沿用當今社會對美的定義。不要讓他人來決定你喜歡什麼，你應該努力去喜歡自己的整個身體並使它既具有價值、又富有美感，從而摒棄他人對你的比較和評論。你可決定什麼是可愛的，並與過去不接受自己的那種心理告別。

自我接受意味著接受你的整個身體，並消除各種奇奇怪怪的信息，或是追求無厘頭的流行大潮。接受自己，就是接受目前自己的一切自然狀況，或至少容忍這種狀況。這並不是說你要到處誇耀自己，而是說你可以學會喜歡自己。

就自我形象而言，你可以做出同樣的抉擇。譬如在智力方面，你可以按照自己制定的標準來表明你是聰明的。事實上，你越使自己愉快，你也就越聰明。如果你在代數、拼寫或寫作等方面比較差，這只不過是你到目前為止選擇的自然結果。倘若你能在這些學科上多花些時間，你肯定可以大大提高自己的水平。你如果認為自己不太聰明，請記住你之所以低估自己是因為你在沿用人們對智力的通常概念，並根據學習成績單的標準把自己與他人進行比較。

你或許會驚奇地得知，你可以通過選擇使自己要多聰明就有多聰明。其實，一個人能力的大小完全取決於時間的長短，而決沒有什麼天生的能力。

約翰・卡羅爾在其題為「學校學習的模式」一文中談到這一問題，他寫到：

「智能就是一個人掌握知識或技能所需的必要時間。這一定義的含義是，只要有足夠的時間，所有學生都可以掌握所學科目。」

是的，只要有足夠的時間和適當的努力，你可以掌握任何學科或技能，——如果你選擇這樣做。但由於各種充分的理由，你不必做出這一選擇。——為什麼非要把精力耗在解決某些深奧晦澀的問題或學些你並不感興趣的東西呢？精神愉快、真正生活和人類之愛這些目標是更為重要的。問題在於，智力並不是通過遺傳或賜予而得到的。你想要自己有多聰明，你就會有多聰明。不喜歡自己所做的這一選擇，便是自我輕蔑，只會在你生活中導致不良後果。

3．不抱怨才能真正接受

自愛，就是根據你的意願將自己做為一個有價值的人而予以接受；接受，則意味著毫無抱怨。思維健全的人從不抱怨，尤其不會抱怨石頭太硬、天太陰、冰太涼等等。接受意味著不加抱怨，精神愉快則意味著不抱怨那些自己力不能及的事情。缺乏自我依靠的人常常從抱怨、牢騷中求得慰藉。向別人訴說你不喜歡自己的地方，只能使你繼續對自己不滿，因為別人對此幾乎總是無能為力的，至多只能加以否認，可你又不會相信他們的話。向別人抱怨是無濟於事的，同樣，讓別人無休止地傾訴其自我憐憫和痛苦也無助於任何人。

要結束這一無益而討厭的行為，只消問一個簡單的問題：「你為什麼要給我講這些？」或者「我能幫助你解決這個問題嗎？」你要是向自己提出這些問題，就會認識到，你的抱怨是非常荒唐可笑的。是在浪費時間，而你本可以用這些時間來進行自愛活動，比如在心裡自我贊揚，或幫助別人實現其願望。

世界上最令人難以接受的抱怨無外乎兩種：一是告訴別人你很累；二是告訴別人你覺得身體不大舒服。如果你覺得累，你可以選擇其他方式來解除疲勞，但向一個普通人——且不說心愛的人——抱怨則無異於損害他人，而且這也不會使你感到好受一些。同樣的邏輯推理也適用於「身體不舒服」的抱怨。

請注意，這裡所指的並不是這樣一種情況：當別人可以通過某種方式幫助你時，你向他們傾訴自己的不快。我們所不贊成的，是你在別人除忍受抱怨外無能為力時發牢騷。你如果真正致力於自愛，那麼當你遇到痛苦或不快時，你就會自己想辦法從中解脫，而不是依賴別人來分擔你的煩惱。

抱怨自己是一種無益的行為，這樣做會妨礙你真正地生活、促使你產生自我憐憫並阻礙你努力給他人以愛並接受他人之愛。此外，這種行為還使你難於改進你與他人的感情關係，不利於你擴大社會交往。盡管抱怨行為會使你得到別人的注意，但這種注意將明顯地給你的幸福罩上一層陰影。

如果要不加抱怨地接受自己，就必須懂得，自愛和抱怨兩種行為是互相排斥的。如果你真愛自己，那你就毫無理由向那些無力幫助你的人發出抱怨。如果你在自己身上發現你所不喜歡的東西，你可以積極地採取必要措施來改正，而不應抱怨。

不抱怨還有一個最大的好處是，你的精神不會被擊垮，同時在一個團隊當中，你也不會變成別人眼中的「麻煩人物」或是一個「討厭鬼」！不去抱怨的話，你就會支持自己、愛自己、接受自己。

4．接受自己才會愛自己

那麼，現在就來談談如何愛自己？

自愛練習首先始於你的思想，你必須學會控制自己的思維。這就要求你無論何時何地都要及時有意識地發現自己的自我輕蔑行為。如果你能當場「捕獲」這種行為，你便可以審視這種行為背後的思想過程。

譬如，你發現自己剛說了句自我貶低的話，如「我真沒什麼了不起，這回考試得A，我想只不過因為運氣好」。這時，你頭腦中應馬上敲起警鐘：「我又說這種話了，又做出這種自我嫌惡行為了。但我現在已經意識到了，下回我不再講這種話了。」你的戰略方針是糾正自己的話，對自己大聲說：「剛才我說我運氣好，可這和運氣根本沒有什麼關係。我考試得A是因為我應該得A。」這便是向自愛邁出的一小步，這一小步便是你意識到剛才的自我貶低行為，並決定糾正它。以前，你曾有自我貶低的習慣，現在，你意識到需要糾正它，並決定努力糾正它。這就像學開車時換檔變速一樣，到最後，你將會養成一種新的習慣，而不必時刻考慮著自己的動作。你很快就會自然而然地習慣於各種自愛的行為。

一旦你有了正確的思想認識，令人振奮的自愛活動便出現在地平線上。下面列舉了若干此類自愛行為，自我價值的建立能啟發你的自尊感，因而你還可以進行其它新的行為練習：

以愛或接受的態度來對待別人的善意表示。當別人做出善意表示時，不要馬上表示懷疑，而應接受這些表示，同時說聲「謝謝」或「你那樣認為，我很高興」；

如果你覺得自己確實在愛著某一個人，就去當面大聲告訴她（他）說，「我愛你」。在你等待對方的反應時，你可以為自己敢於冒此風險而感到欣慰。

在餐廳裡，不管其價錢如何，要一份你十分喜歡的菜。讓自己享享口福，因為你有資格吃這個好菜。在所有超市、包括24小時的便利商店選購你喜歡的食品，讓自己高高興興地享用所喜歡的食品，因為你配得上這種享受。同時，杜絕這方面的自我克制行為，——除非這種行為是絕對必要的，但這種情況極為少見；

在一天的勞累之後，睡一小會兒；在一頓飽飯之後，到公園去散散步，而不管你有多少事情要做；這樣可以調節情緒使你精神振奮如新；

認清嫉妒是一種自我貶低的弊病，從而予以摒除。如果你把自己同其他人加以比較，並因此為自己得到的愛比他人要少，那麼你就要將他人看得比你還重要，你是在通過別人來衡量自己的價值。

記住：(1)別人總可以選擇其他人，這一選擇與你無關；(2)你是否會被另一重要人物所選中並不能證實你的自我價值。否則，你肯定要無休止地懷疑自己，因為你不可能知道某個人在某時某刻會怎樣看你。如果他／她選擇了另一個人，這個選擇僅與另一個人有關，而與你無關。只要練習自愛，就可以扭轉你曾為之嫉妒的任何情況。你將如此相信自己，以致於無須通過他人的愛或贊許來提高自己的價值；

你的自愛活動也可以包括用新的方式來對待自己的身體，如選擇富有營養的美味食品、減肥（身體過胖既會導致健康上的問題，也會引起心理上的自我嫌惡）、經常散步或騎車郊遊、進行大量的健身活動、到室外大口呼吸新鮮空氣……

總而言之，應該使你的身體保持健美，但關鍵在於你自己是否希望健美。因為你是重要的，你要這樣對待你的身體。你要是整天悶在屋子裡或整天做著單調無味的常規性事務工作，那就是和自己過不去。而在進行自愛練習之後，如果你自己願意待在屋裡，那便是你所做出的另一選擇，這倒不是和自己過不去；

在性的方面，你也可以通過練習，增強自愛。你可以裸體地站在鏡子前，告訴自己你是多麼漂亮。你還可以撫摸你的身體，從肉體方面探索自己，使自己得到極大的享受。在性生活方面，你也可以選擇得到性滿足，而不應認為你愛人的享受比你的享受更為重要。只有選擇自己的滿足，才能給他人以快樂。如果你沒有得到快樂，那麼你的愛人也通常會感到失望。此外，當你為自己選擇快樂時，別人也可更好地為他們自己選擇快樂。你可以放慢性交的整個過程，用言語和動作來告訴你的愛人你喜歡什麼。你可以為自己選擇享受人的最大生理滿足——性交快樂。因為你相信自己與愛人都可以彼此沉醉在其中，共享魚水之歡。

5．肯定自己的價值

你將不再把你在任何方面的成敗與你的自我價值等同起來。你可能會失去工作，或在某一活動中失敗；你可能不喜歡你幹這事或那事的方式；但這並不意味著你毫無價值。你自己必須懂得，不論你迄今為止成就如何，你都有著一定價值。不懂得這一點，你就會把自己與你所參與的活動之成敗混同起來。無論是根據外部成就確定你的自我價值，還是將其與別人對你的看法聯繫起來，都是荒謬的。一旦認識到這一點，你就能從事各種有益活動，而其結果——盡管你或許會感興趣——則絕不說明你做為一個人的價值如何。

保羅是一位很有成就的新聞記者。六歲時，他以難民身分抵達美國。在學校，因不會說英語，他深感痛苦。受到同學譏嘲，他不是大打出手，便是轉身逃避，結果養成了他所說的「難民心理」。這種心理表現在諸如此類的想法：「不要破壞現狀」、「到了人家這裡就該知足」以及「這種東西輪不到你」等等。

後來，在一次夏令營活動時，他的生命到了轉折點。「他們要我擔任營裡最有地位的職務——岸邊指導員，因為我具備必要的資格。」保羅說：「這時，我照例聽到內的心聲在提醒自己：『這種美事輪不到你！你不是第一流的人。』可是，出乎意料之外，就像燈光忽然亮起來似的，我霎時恍然：現在應該輪到我了。於是，我答應擔任那個職位。」

保羅不能肯定他當時怎麼會恍然大悟。可是，那一刻的確改變了他的一生，使他擺脫了心理羈絆，變成「在我的世界裡真正的自己」。

有一次，我的朋友亞德對我說：「我一直不喜歡我自己。」他並非以一種自憐的口吻說出，而是儼然以一種不幸的事實般地感歎。他說：「那是一段相當辛酸的時間，也非常痛苦，我不喜歡自己有好多的理由，且是有根據的；有些則是理所當然的。每想起這些理由，都令我感到懼怕。」

「不過，逐漸地，」亞德又說：「我驚喜地發現，有許多人都真正地喜歡我。我想，假使他們能夠喜歡我，為何我就不能喜歡我自己？然而，光憑想像是徒然無用的。但慢慢地，我學會喜歡自己，一切也都好了。」

以上僅在於說明，人必先自我瞭解，並不像一般人對於自愛所抱持的那種惡性的解釋。亞德的意思祇在說明他學會了如何容忍自己，並像喜愛他人一樣喜愛自己。如此，對他產生了極大的好處。換句話說，他已學會肯定自己的價值了！

第三章

你不必活在別人的掌聲中

——贊許有時也會成為一個陷阱！

如果你常常需要得到別人的贊許的話，那無異是說：「你對我的看法比我對自己的看法更為重要。」

你可能花費了大量時光竭力贏得他人的贊許，或因得不到贊許而憂心忡忡。如果尋求贊許已成為你生活的一種需要，那麼你現在就該做些事了。首先，你應該認識到：尋求贊許與其說是生活之必需，不如說是個人之欲望。當然，我們都願意搏得掌聲、聽到贊揚或受到稱頌。誰不願意如此呢？在精神上受到撫慰會給人一種美妙的感覺，而且也的確沒有必要在生活中放棄這種享受。贊許本身無損於你的精神健康；事實上，受到恭維是十分令人愜意的。尋求贊許的心理只有在成為一種需要、而不僅僅是願望時，才成為一個誤區。

1．贊許是一種認同

如果你希望得到贊許，那僅僅是樂於得到他人的認可。但如果你需要贊許，那麼你在未能如願以償時便會十分沮喪。這正是自我挫敗因素之所在。同樣，當尋求贊許成為一種需要時，你就會將自己的一部分價值奉獻給「外人」，因為你必須得到他人的贊許。假如這些人提出反對意見，你就會產生惰性（即使是輕微的惰性）。在這種情況下，你是在將自我價值置於別人的控制之下，由他們隨意抬高或貶低。只有當他們決定給你施捨一定的贊許之辭時，你才會感到高興。

需要得到他人的贊許就夠糟糕的了，然而如果在每件事上都需要得到每一個人的贊許，這就更糟糕了。如果是這樣，你勢必會在生活中遇到大量痛苦和煩惱。此外，你會慢慢建立起一種平庸的自我形象，隨之產生的便是自我否定心理。

毫無疑問，你要在生活中有所做為，就必須完全消除需要得到贊許的心理！它是精神上的死胡同，它絕不會給你帶來任何益處。

人在生活中必然會遇到大量反對意見，這是現實，是你為「生活」付出的代價，是一種完全無法避免的現象。我曾接待過一位名叫阿齊的中年人，他就是一個典型的具有需要贊許心理的人。阿齊對於現代社會的各種重大問題都有著自己的一套見解，如人工流產、計劃生育、中東戰爭、阿富汗戰爭、美國政治等等。每當自己的觀點受到嘲諷時，他便感到十分沮喪。為了使自己的每一句話和每一個行動都能為每一個人所贊同，他花費了不少心思。他向我談起他同岳父的一次談話。當時，他表示堅決贊成「安樂死」，而當他察覺岳父不滿地皺起眉頭時，便幾乎本能地立即修正了自己的觀點：「我剛才是說，一個神智清醒的人如果因為患了絕症，而要求結束其生命，那麼倒可以採取這種做法。」阿齊在注意到岳父表示同意時，才稍稍鬆了一口氣。他在上司面前也談到自己贊成安樂死，然而卻遭到強烈的訓斥：「你怎麼能這樣說呢？這難道不是對上帝的褻瀆嗎？」阿齊實在承受不了這種責備，便馬上改變了自己的立場：「……我剛才的意思只不過是說，只有在極為特殊的情況下，如果經正式確認絕症患者在法律上已經死亡，那才可以截斷他的輸氧管。」最後，阿齊的上司終於點頭同意了他的看法，他又一次擺脫了困境。當他與哥哥談起自己對安樂死的看法時，哥哥馬上表示同意，這使他長長也出了一口氣。這倒是輕而易舉的勝利，阿齊甚至都不必做出改變就得到了哥哥的贊許。

上述幾個例子，都是阿齊在講述他通常如何與人打交道時舉出的，他在社會交往中為了博得他人的歡心，甚至不時著時時改變自己的立場。就個人思維而言，阿齊這個人好像是不存在的，因為他只是看人臉色而存在，沒有個人意志了。

一旦尋求贊許成為一種需要，那要做到實事求是就幾乎是不可能了。如果你感到非要受到誇獎不行，並常常做出這種表示，那就沒人會與你坦誠相見。同樣，你不能明確地闡述自己在生活中的思想與感覺。你會為了迎合他人的觀點與喜好而放棄你的自我價值。

一般而言，政治家們往往不為人們信任。他們極為需要得到他人的贊許，否則便會一事無成。因此，政治家們總是見風使舵，為迎合一些人而表示一種觀點，為取悅於另一些人提出另一種觀點。一個人如果沒有固定的立場，為取悅於所有人巧妙地改變著對各種問題的看法，他就沒有任何誠信可言。政治家的這種行為是不難察覺的，然而要意識到自己的這種行為則不是，那麼容易。或許你會為不惹某人生氣而「保持冷靜」，或許你由於擔心失寵而違心地附合他人的意見。你知道自己一旦受到斥責就會不愉快，所以為了避免不愉快，你不得不隨時調整自己的行為。

的確，應付受人斥責的局面很不容易，而採取為人所贊許的行為則容易得多。但如果為回避困難而選擇後者，那就意味著你認為別人對你的看法比你的自我評價更為重要。這是一個在我們社會中難於避免的危險陷阱。

為了避免落入尋求贊許的陷阱，為了使自己不為他人意見所左右，有必要審視一下促成尋求贊許需要的各種因素。下面我們來簡要地回顧一下尋求贊許行為的演變過程。

2．贊許的歷史

從遠古蠻荒時代，就有「非我族類」即執行殺戮的情形，以至於21世紀的今天，尤以政治人物表現得最赤裸裸，最盡致淋漓，為了得到主子關愛的眼神，寧願無視於人民的利益，只能當一條聽話的狗！

需要贊許的心理是基於這樣一個看法之上的：「不要相信你自己，先聽聽別人的意見如何。」我們的社會總是強調，尋求贊許的行為是一種生活準則。獨立思考不僅不合常規，而且是我們社會傳統的大敵。你如果在這種社會環境中長大，便或多或少會帶有這種特性。「不要過於相信自己」，這便是需要贊許心理的實質所在，也是我們整個文化傳統的基本內容。應該將他人的意見看得比自己的意見更為重要。這樣，如果你得不到他人的贊許，就完全有理由感到內疚、情緒低落，甚至覺得自己毫無價值，因為別人比你更為重要。

別人賞賜的贊許可以成為一種強大的支配力量。你的價值完全取決於別人的看法，一旦別人再施捨贊許，你便一無所有，你會覺得自己一文不值。因此，你越是需要得到恭惟，就越有可能受到別人的支配。因此，你越是需要得到恭維，就越有可能受到別人的支配。相反，如果你採取步驟，努力培養自我贊許意識並不為他人的意見所左右，那你就會逐步擺脫他人的控制。你在這方面的積極行動總要遭到某些人的非難，他們斥之為自私、冷漠或不體諒他人等等，其目的就是使你不能獨立。這種惡性循環使你任人擺布，為了認識這一點，你應當審視一下我們社會中促使你尋求贊許的大量信息，即那些從你的孩童時期就一直影響你的各種信息。

在食品店，售貨員問孩子，「你想要塊巧克力嗎？」孩子則看看媽媽，問道，「我可以要塊巧克力嗎？」——他已經學會事事徵求父母的意見，甚至對於他是否可以要件小東西也是如此。從玩耍、吃飯、睡覺一直到交朋友和思考問題，幼兒在家庭裡很少受到自我依靠的教育。這種情況的根源在於爸爸和媽媽在內心深處認為，孩子是屬於他們所有的。做父母的常常將孩子視為自己的財產，而不是幫助孩子去獨立思考、獨立解決問題並由此建立起自信心。

在你的孩童時期，社會和家庭向你灌輸了許多尋求贊許的信息，盡管你或許已經記不得這些信息，但其它的信息則是向你灌輸一種十分重要的意識，——規矩的行為，為他人所贊許的行為。你本來是應該得到這種贊許的，但現在卻是在取悅於他人之後才能得到。這裡的關鍵問題並不在於贊許與否，而在於應當不附帶任何條件給孩子以大量贊許，而不是將贊許作為對孩子規矩行為的獎勵。在我們的社會裡，絕不應當鼓勵孩子將自我價值與他人的贊許這兩者混同起來。

當你稍稍長大之後，舞台除了家庭之外，還會多出一個學校，一個也是會向你灌輸尋求贊許的地方，在那兒你做每件事情都要徵得同意，不要過於相信自己的判斷：先向老師報告再去上廁所；坐在指定的位子上；犯錯受罰就不能離開座位。——學校在各個方面倡導的都是要接受控制。你所學到的不是思考問題，而是不要自己思考問題。老師總是在教你做這做那：把紙折成16個小方格，並且不要把字寫在折線上；今晚預習第一課、第二課；練習拼寫這些字；要這樣畫畫；閱讀這本書。總之，你受的教育就是要唯命是從。如果有疑問，就應請教老師。如果你招惹老師生氣，甚至招惹校長生氣，那你就得幾個月都感到內疚。成績報告單的目的就是向你爸爸媽媽匯報你在學校贏得了多少贊許。

3．贊許讓學校變成填鴨式的教育

善於獨立思考的孩子在學校裡往往是吃不開的。在許多學校之中，爭取被人贊許反而是取得成功的必經之路。「老師的寵兒」以及「馬屁精」等綽號，在學校裡得以長期流行，是有其道理的。這類人確實存在，而且還混得不錯。你如果聽老師的話、做好老師給你制訂的課程，從而博得他的贊賞，你就會順利畢業。雖然這樣一來，你的自我依靠性幾乎事事處處都要受到影響，從而使你產生一種極需得到贊許的心理，但你還是取得「成功」了。

待到學生進入初中時，他通常已經熟知尋求贊許的要旨。當輔導老師問他希望在高中上哪幾門課時，他的回答是：「我不知道，您說我應該選哪些課程呢？」到了高中，他會感到難於確定自己的課程，如果別人為他做出決定，他反倒更為自在一些。在課堂上，他將學會規規矩矩地寫作文，正確地解釋《哈姆雷特》；他將學會寫論文，但並不是根據自己的觀點和認識來寫，而是通過引用他人的話、抄寫參考資料來說明自己提出的每一觀點。一個學生若是不學會這樣做，便要受到懲罰：既得不到好分數，也得不到老師的贊賞。直至畢業，學生仍感到很難自己做出任何決定，因為一連12年，老師一直在告訴他應如何思考以及思考什麼。他所受到的實際教育就是遵循老師的教導，可如今，畢業在際，他卻連獨立考慮問題的能力都沒有。然而，他仍渴望得到贊許，他知道只要獲得他人的贊許，就能夠精神愉快，萬事如意。

到了大學，學生們依然接受著同樣的教育，——寫兩份學年論文，注意正確格式、兩邊留出規定的空格、用打字機打出來；要有導言、正文和結論，研究一下這幾個章節……真是一條地地道道的大型裝配線。要循規蹈矩，要討教授歡心，你便可以萬事大吉。等到研究班舉行討論會時，教授對學生們說：「這個學期，你們可以根據自己的興趣在任何方面進行研究。我將幫助你們選擇研究主題並幫你們進行研究，但這是你們的學習，你們可以按照自己的意願做出安排。我將盡可能給你們以幫助。」

然而，隨之而來的是一片慌亂：「我們要寫幾篇論文呢？」「什麼時候交？」「要打出來嗎？」「要看哪些書呢？」「要考幾次試？」「考哪些問題？」「論文要寫多長？」「兩邊空幾格呢？」「要每天來上課嗎？」

這些問題都是需要尋求贊許的人才提出的，鑒於我們上面審視的教育方法，這種情況並不奇怪。學生受到的訓練就是為他人做事，博取老師、教授的歡心，竭力使自己符合他人的標準。他已建立起靠尋求贊許而生存的思維系統，以上種種問題便是這一系統的產物。他害怕獨立思考。因為按照別人的要求行事總是更為簡單、穩妥。

4．令人走入死巷胡同的贊許

電視廣告特別注意利用人們尋求贊許的心理。在許多電視廣告節目中，各種商品的廣告都會竭力強調別人的意見比你自己的意見更為重要，以此來促使你購買他們的產品。

它代表的心理信息是：「別人對你的看法比你對自己的看法更為重要，如果你不能使別人滿意，就會跟不上時代了。」

我們再來看看下面的三個例子及其信息：

一、在宴會上，服務生給一位顧客戴餐巾時，注意到他「領口泛黃的污漬」。他的妻子在一旁感到十分羞愧，因為她意識到這個服務生對她先生表示出不贊許。

二、一位婦女想到朋友們見到她穿著肥大的連褲襪可能產生的看法時，簡直羞得無地自容。「如果他們有我看法很差，我會受不了的。我一定要給他們以好印象，所以我不買那種連褲襪，就買這種的。」

三、在宣傳漱口水、牙膏和各種香水除臭劑的廣告中，包含著大量的下述信息：你需要得到別人的贊許，而要得到贊許，就必須買這種或那種產品。廣告商們為什麼要採用這些低劣直白的手法？因為這種手法的確有助於推銷產品。他們知道，人們總是需要為他人所接受，於是便通過各種廣告節目傳遞出上述信息，利用人們的這種心理需要來賺錢。

問題很清楚，我們的文化傳統所推崇並提倡的就是尋求贊許。有鑒於此，你自己常常過於注重別人的意見，這是不足為奇的。你在生活中一直接受這種薰陶，而且即使家庭有意識地幫助你培養自我依靠感，其它各種文化因素也會起到阻礙作用。然而，你並不是非要維持這種尋求贊許的行為不可的。正如你可以努力消除自我否定的習慣一樣，你也能夠根除這種尋求贊許的習慣。

馬克·吐溫在《傻瓜威爾遜》一書中恰如其份地描述了擺脫尋求贊許一類習慣的辦法：「習慣就是習慣，它並不是任何人都能隨手拋到窗外的爛布。對於習慣，只有一步一步地將它哄出去。」

環顧周圍世界，簡單地說，要想使每個人都滿意是不可能的。實際上，你如果能夠使50％的人滿意，就算很不錯了。這並不是什麼秘密。要知道，在你周圍，至少有一半人會對你說的至少一半話提出不同意見。只要想想大選的情況就可以明白了：即使在獲勝者占壓倒票數的選舉中，也尚有40％多的人投了他的反對票。這樣，不管你什麼時候提出什麼意見，都有50％的可能遭到反對。

認識到這一點之後，你便可以用新的眼光對待反對意見。當別人對你的話提出異議時，你就不會感到情緒消沉或為贏得贊許而立即改變觀點。相反，你會意識到自己剛巧碰到了屬於與你意見不一致的50％中的一個人。只要認識到你的每一種情感、每一個觀點、每一句話或每一件事都總是會遇到反對意見，那麼你就可以擺脫情緒低落的纏擾。當你預先估計到會有反對意見時，你就不會自尋煩惱，同時也就不會再將別人對你的某種觀點或某種情感的否定視為對你整個人的否定。

無論你主觀意願如何，反對意見總是再所難免的。對於你的每一個觀點，都會有與之完全對立的意見。關於這個問題，林肯在白宮的一次談話中曾說過——

假使要我讀一遍針對我的各種指責，——更不要說逐一作出相應的答辯，那我還不如辭職了事。我是根據自己的知識和能力盡力工作的，而且將始終不渝地這樣工作。如果事實最後證明我是正確的，對我的反對意見將不攻自破；如果事實最後證明我是錯的，那麼即使有十個天使起誓說我是正確的，也將無濟於事。

5·人為什麼需要贊許

現在，暫時發揮一下你的想像力。假設你確實希望得到每個人的贊許，並且也有這種可能；再假設這是一個積極的目標。那麼在這一前提下，如何才能最有效地實現你的目標呢？在回答這一問題之前，不妨想一下你所知道的最受人贊賞的一個人。這個人是什麼樣子？他的言談舉止如何？他的魅力何在？你所想到的這個人很可能是坦率直爽、開誠布公的，他大概不會為別人的意見所左右，並且頗有做為。他可能沒有時間去尋找贊許。他很可能在任何情況下都是實事求是的。或許他認為誠實正直比圓滑世故更為重要。他並不是要傷害別人，而只是無暇進行繞圈子遊戲，——他不是那種說話字斟句酌、唯恐傷人別人感情的人。

這豈不是一種諷刺嗎？在生活中最受贊許的人恰恰是那些從不尋求贊許，而且並未竭力想要獲得贊許的人。

要想精神愉快，就要消除需要尋求贊許的心理，下面講一個可以充分說明這個問題的小寓言：

一隻老貓見到一隻小貓在追逐自己的尾巴，便問道：「你為什麼要追自己的尾巴呢？」小貓回答說：「我聽說，對於一隻貓來說，最為美好的便是幸福，而這個幸福就是我的尾巴。所以，我正在追逐它，一旦我捉住了我的尾巴，便將得到幸福。」

老貓說：「我的孩子，我也曾考慮過宇宙間的各種問題，我也曾認為幸福就是我的尾巴。但是，我現在已經發現，每當我追逐自己的尾巴時，它總是一躲再躲，而當我著手做自己的事情時，它卻總是形影不離地伴隨著我。」

同樣道理，如果你希望得到大量贊許，最為有效的辦法恰恰是不去渴望贊許、不去追求贊許，不要求每個人都贊許你。只要你相信自己，並且以積極的自我形象為指南，你便可以得到許許多多的贊許。

當然，一個人不可能事事都得到每個人的贊許；但是如果你認識到自己的價值，在得不到贊許時便不會感到沮喪。你將把反對意見視為一種自然現實，因為生活在這個世界上的每一個人都對世事有自己的看法。

6．人不要太多的贊許才能自由

對於別人的贊許，我們在乍聽之下當然會茫舒舒地，而不會去考慮對方贊許的後果（也許你會開始被對方牽著鼻子走也說不定），為了要逐漸減少尋求這種贊許行為，你必須認識到自己繼續這種行為的後果。當你遇到反對意見時，你可以發展新的思想，提高自我價值（這是你可以採用的最為有效的辦法）。除此之外，為了衝破尋求贊許心理的束縛，你可以試做以下幾件具體的事情：

一、在答覆反對意見時，以「你」字開頭。例如，你注意到爸爸不同意你的觀點，並且開始生氣了。不要立即改變自己的觀點，也不要為自己辯解，僅僅回答說：「你以為我的觀點不對，所以你有些惱火。」這樣將有助於你認識到，表示不贊同的是他，而不是你。在任何時候都可以用「你」字的辦法，只要運用得法，會取得意想不到的效果。在講話時，你一定要克制以「我」字開頭的習慣做法，因為那樣會將自己置於被動辯解的地位，或者會修正自己剛剛說過的話，以求為他人所接受。

二、如果你認為某個人企圖通過不給你以贊許來支配你的思想，不要為了求得他的贊許便含糊其辭，言不由衷，應該直截了當地向他大聲說：「通常我會改變觀點，以使你對我有個好印象。不過，我真的相信我的觀點，你要是不同意，那只有隨你的便了。」或者可以說：「我猜你是想讓我改變我剛才說的話。」提出自己的看法這一行動本身有助於你控制自己的思想和行為。

三、別人如果提出有利於你發展的意見，盡管你可能不大欣賞，也還是應該表示感謝。表示感謝便消除了任何尋求贊許的因素。例如，你丈夫說你太害羞，他不喜歡你這樣。不要因此就努力通過行動而使他滿意，只要謝謝他給你指出這一問題便足夠了。這樣一來，就不存在尋求贊許的問題了。

四、你可以尋求反對意見，同時努力使自己不因此而煩惱。選擇一個肯定會提出不同意見的人，正視他的反對意見，沉著而冷靜地堅持自己的觀點。你將逐漸學會不因反對意見而感到煩惱，並且不輕易改變自己的觀點。你可以對自己說，你早已預料到了這種「對立」，他完全可以有他自己的看法，這與你實在沒有任何關係。通過尋求、而不是回避反對意見，你將逐步掌握有效對付反對意見的各種方法。

五、你可以逐步學會不理睬反對意見，根本不要理會那些企圖通過指責來支配你的人。我有位同事曾經在柏林做過一次大型講演。當時有位聽眾顯然難以接受他的某些觀點。最後，這位聽眾再也忍不住了，他抓住演講人提出的一個枝節問題發難，說出了許多帶污辱性的話。他企圖使演講人上鉤，誘使他捲入一場無意義的舌戰。可是，我這位同事在聽到這一大通發難之辭後，只是說了聲「ＯＫ！」便繼續進行他的講演。他根本沒有理會這些不敬之辭，從而表明他不會依照別人的思想感情來確定他自己的價值。這樣，發難者自然是自討沒趣了。若不是演講人相信自己，他很可能會將他人的反對意見看得重於他對自己的良好評價，在得不到贊許時便會感到煩惱。

六、要接受這一現實：許多人將永遠不能理解你，但這沒關係。反之，你也會不理解許多與你很接近的人，而且也沒有必要完全理解他們。他們與你有所不同是正常的，你可以理解的最根本的一點就是：你並不理解一切。

一位哲學家曾說過：

……如果那些相互不理解的人們至少理解他們相互並不理解，那麼他們還是有一定的相互理解；如果那些相互不理解的人們甚至不理解他們相互並不理解，那麼他們簡直就沒有任何相互理解可言。

你可以相信自己的立場是正確的，而不要去爭辯或竭力說服別人。

七、根據自己的判斷去購買衣物及其它個人用品，不要以為別人的意見更有價值便去徵求他們的意見。

八、不要再通過另一半或其他人來證實自己的觀點，不要再說「是不是這樣，親愛的？」或「是這樣做的，對嗎？」或者「你去問問戴安娜吧，她會告訴你的。」

九、每當你採取了尋求贊許的行為時，大聲更正自己，這樣你就能夠清楚地意識到自己的這種傾向，並且逐步適應新的行為。

十、留心記下自己平常所說的話，看看其中有多少是陳述性的，有多少是詢問性的。你是在提出問題、尋求同意與贊許呢，還是在做出陳述？例如，如果你說「今天天氣真好，是不是？」便是請別人回答問題，希望別人贊同你的觀點。如果僅僅說「今天天氣真好」，你就是在陳述，而不是要求得到一個贊同的答覆。假如你總是向別人發問，你就是在尋求贊許。當然，這些事情或許看來是微不足道的，但是卻反映出你不相信自己有能力擔負責任。

上面介紹了為消除尋求贊許心理而應首先採取的若干步驟。你並不是要努力排斥贊許，而應在得不到贊許時盡力避免產生惰性。我們前面已經講過，受到稱贊是令人愉快的，會給人一種愜意的感受。你的目標是要取得免疫力，以使自己在聽不到贊美聲時不至感到痛苦。節食者在酒足飯飽之際無法衡量自己減肥的勇氣，戒菸者在剛過完菸癮後不能確定戒菸的決心；同樣道理，你在沒有受到反對的情況下也不可能真正考驗自己承受非議的能力。盡管你可以捶胸頓足地起誓說自己能夠應付受人冷落的局面，而且不會去乞求別人的贊許，但是在未遇到意見衝突之前，你根本無法知道自己的實際能力如何。

從來到人世間的那一刻起，你便開始受到尋求贊許的薰陶；所以，如果你能從生活中消除這一令人討厭的誤區，其它的問題看來也就不難解決了。要做到這一點，就需要進行大量的練習。在這方面，你的每一分努力都是值得的。如果你在遭人反對的情況下，不是心灰意冷，而是堅持己見，你便可以享受到此時此刻的充分自由了。

第四章

拋棄內心的固執思維

——不走出門的人，只會讓白頭髮長出來

你是誰？對自己有什麼評價？在回答這些問題之前，你很可能會查一下自己的歷史，查一下你過去的經歷——使人難以掙脫的經歷。你用什麼詞語描述自己呢？這些詞語是你一生積存下來的小標籤嗎？你是不是經常用許多固定的詞語來描述自己？也許，這些自我描述詞語包括下述自我描述標籤：「我膽子太小」、「我挺害羞」、「我沒有音樂細胞」、「我總是笨手笨腳的」、「我記性不好」等許多「我怎麼怎麼」的詞語。或許，你也有許多積極的自我描述詞語，如「我有體貼他人之心」、「我橋牌打得不錯」、「我很討人喜歡」等等。我們將不在這裡論述第二種自我描述詞語，因為本章的目的是幫助你發展，而不是為你生活的那些積極方面講恭維話。

1．你把自己當成什麼？

自我描述詞語本身並沒有什麼不好，但如果使用不當，它們便會給你造成損害。其實，以特定標籤描述自己的行動阻礙著你的發展。使用標籤描述自己，很容易成為不求進取的藉口。丹麥哲學家齊克果曾寫道，「你用標籤描述我，便是否定我。」當一個人必須按照別人給他定的標籤生活時，便失去其自我特性。自己老給自己定標籤的後果也是一樣。如果你不努力挖掘自己的發展潛力，而是一味依照標籤行事，那麼你就等於否定自己。

「我怎麼怎麼」這種自我描述詞語有兩種來源。一種來自他人。當你還是小孩時，其他人給你掛上了一些標籤，你一直戴到今天。另一種來自你自己，由於害怕艱難痛苦的改變而給自己定了一些標籤。

相比之下，第一種標籤較為普遍。就拿小琳娜說吧。她上小學二年級，每天都去上美術課，很喜歡描描畫畫、塗塗寫寫。可是她的老師告訴她，她畫得並不好。聽了這句不中聽的話，小琳娜挺不高興，從此就再也不去上美術課了。沒多久，她便開始進行一種自我描述了：「我美術不行。」由於她一直回避美術，她便更加相信「我美術不行」這一觀點。等她長大後，有人問她為什麼不畫畫，她便答道：「唉，我美術不行。一直就是這樣。」

由此可見，自我描述詞語大都是你過去經歷的產物。

2．明明是逃避卻說得冠冕堂皇

下面列舉了一些此類標籤，它們都是過去經歷的產物。如果你有這些標籤，現在就應該改變它們。保持現狀、拒不改變無異於走向自我沉淪。請記住：這裡並不是在討論你所不喜歡的事情，而是要審視那些使你不能積極投身於生活的種種行為。

一、「我的數學（英文、閱讀、語言等）很差。」

這個自我描述標籤可以保證你不必花氣力去改變自己。學術方面這類標籤的目的是使你永遠不必通過艱苦努力來掌握你一直感到頭疼或厭煩的學科。只要你自認無能，你就總有理由避而不去努力掌握知識。

二、「我做飯燒菜（體育、編織、畫畫或表演）糟糕得很。」

這個標籤使你心安理得地保持現狀，既可為過去的「糟糕手術」辯護，也可避免今後再做此類事情。「我一直是這樣，也許天生就是這樣。」這種態度加強了你的惰性，並使你堅持這種看法：如果你幹不好某件事的話，就乾脆別去幹。這樣，除非你是世界冠軍，否則還是別幹任何事情的好。

三、「我天生膽小（沉默寡言、脾氣不好、容易激動、害羞等）。」

這個標籤是借遺傳學為自己辯護。你不是在努力消除這些個性及其心理支撐系統，而是將其做為你的固定個性予以接受。此外，你還可以埋怨父母，指責他們造成了你目前的個性。這樣一來，你就不必努力改變自己了。只要你選擇這種行為，便可以避而不在你感到不安的情況中自持己見。這便是你幼時經歷的產物。當時，別人非得要你相信你自己不會獨立思考。這也是一種個性標籤，只要你給自己的個性掛上一個簡便的標籤，就可以說這些行為是無法控制的，從而原諒自己。你不相信自己可以選擇個性，而以遺傳基因為理由來解釋你所不喜歡的所有個性癖病。

四、「我笨手笨腳」、「我體育不行」等。

這些來自孩童時期的標籤使你不致因體育不及他人而受到譏諷。當然，你之所以沒有技能，是因為你一直相信這些標籤，沒有積極參加體育活動，並不是你自身有什麼缺陷。畢竟，人們是通過練習與活動、而不是通過回避才掌握一門體育技能的。可是，有了這些標籤，你就可以站在場外觀看、羨慕別人，並假裝你並不喜歡體育活動。

五、「我長得不漂亮（我的骨架太大或個子太矮）。」

這些生理上的標籤使你不敢與異性接觸，從而免於受拒絕之風險。當你選擇消極的自我形象得不到愛時，這些標籤還可為你辯護。只要你這樣描述自己，就總有理由不去與異性建立相愛關係。此外，你也不必努力改進自我形象。你是在用鏡子為自己的消極態度辯護。可是請不要忘記，即使在鏡子裡，我們所看到的也還是我們想要看到的形象。

六、「我就是自由主義者生性浪漫（過於謹慎或粗心大意）。」

這些行為標籤有助於你控制別人並為某些事情進行辯護。「我一直是這樣做事的」，——好像傳統習慣是如何做某事的理由似的！這句話的潛台詞是：「我以後還要這樣做事。」你總是按某種習慣方式行事，甚至從不考慮能否以另一種方法行事。這樣，你還可確保周圍所有的人也都照你那樣行事。這是一種以惰性取代思維的標籤。

七、「我記性不好」、「我就是粗線條」、「我不適合擔任」、「我喜歡一個人獨處」等等。

當你沒有做好某事而要辯解時，這幾個標籤特別有用。它們使你永遠不去努力增加記憶力或克服粗心大意，因為你只須說「我就是這樣」，就可以開脫自己。每當你做出上述行為並給自己貼上這一標籤時，你就永遠不必努力改變自己。繼續「健忘」下去吧，再提醒你自己說，你真的對此毫無辦法，這樣你就會永遠「記性不好」。

八、「我太老了」、「我已上了年紀」或「我身體吃不消了」等等。

有了這些標籤，便可以年齡為由不參加有風險或沒把握的活動。每當你面臨一項活動時，比如體育鍛鍊或登山、配偶去世後或離婚之後重找伴侶、外出旅行等等，你只須說句「我老了」，便可以不去冒險做任何新的、促進發展的事情。這種「年齡」標籤意味著你在這一方面是完全沒有希望了，而且既然你總在逐步衰老，你也就不可能再發展，也不可能再經歷任何新奇的事物。

3．怎樣消除不良標簽

要擺脫過去的舊我，就要有毅力去執行，去創造一個新的自我，當然這有一些風險要自己來承擔，因為你一直習慣於某些固定的自我描述詞語，在很多方面，你每天都在靠這些詞語來生活。然而，你可以通過若干具體的方法來消除這些標籤，這些方法包括：

盡可能不用標籤描述自己。用這樣一些話來取代自我描述標籤：「到今天為止，我選擇了那種個性」或者「我過去曾認為自己……」

告訴你周圍的朋友、同事，你將努力消除自己的一些標籤。選出那些危害性最大的標籤，然後請他們在你使用這些標籤時提醒你注意。

在行動上為自己制定目標，以不同於過去的方式行事。例如，如果你認為自己害羞，就主動去結識一個你以前可能不敢主動接觸的人；

和好友談心，請他幫你同過去決裂。請他在發現你犯老毛病時，用手扯一下耳朵來提醒你注意。

重要的是，每當你發現自己又說了這些「廢話」時，大聲改正自己：不說「我就是這樣」，而說「我以前曾經是這樣」；不說「我也沒辦法」，而說「只要努力一下，我就可以改變自己」；不說「我一直是這樣」，而說「我一定要做出改變」；不說「我天生就是這樣」，而說「我曾認為自己生性如此」。

選出危害性最大的幾個自我描述詞語，每天消除一個。假如你經常說自己「記性不好」，那麼你可以在星期一全天專門注意這個問題，看看你是否可以在一兩件事情上改變自己健忘的習慣。同樣道理，如果你不喜歡「固執己見，不能客觀地看問題」這一標籤，那麼你可在星期二全天專門注意這個問題，努力容忍各種不同意見，力求客觀公正地看問題，看看你是否可以每天消除一個自我描述詞語。

找一件你從沒有幹過的事情，花一個下午做這件事。在你完全沉浸於過去總是回避的嶄新活動之後，看看你是否仍然可以在這方面使用自己以前的自我描述標籤。

我們所有的自我描述詞語都是回避嘗試造成的結果，因此只要你願意，你就可以消除所有此類詞語。

4．每個人都會有另一個機會

世界上並不存在所謂「人的本性」。「人的本性」一詞是某些人為了給別人分類並為某些行為尋找藉口才造出的。我們前面已經說過，你就是你的選擇之總和，因此你的每一個標籤都可改為「我現在另有選擇」。讓我們再看看前面提出的兩個問題：——你是誰？你對自己評價如何？其實，你可以選擇一些美好的新詞語——完全不同於別人或你自己所使用的標籤的新詞語——來描述自己。那些令人討厭的舊標籤只能妨礙你去充分地、真正地生活。

請記住一位名人關於學習的論述吧：

「當你感到悲哀痛苦時，最好是去學些什麼東西。學習會使你永遠立於不敗之地。你或許會衰老，或許會徹夜不眠，或許會失戀，或許會眼看著周圍的世界受到一群狂人的毀壞，或許會得知你的名聲被居心險惡的人詆毀；在這種時候，只有一件事是值得做的——學習。研究一下人世如何變遷及其原因。學習，只有學習，才會使你的心靈永遠不衰竭，使你永遠不感孤獨，永遠不受精神折磨，永遠不擔憂或疑慮，永遠不後悔。你要努力學習。看看吧，你周圍有多少東西可學：科學、物理，世界上的各種新知。天文學夠你學一輩子，自然歷史夠你學三輩子，文學藝術則夠你學六輩子。當你花了無數時間學習生物學、醫學、理論評論、地理、歷史和經濟之後，你便能夠用一塊木板造出個車輪，或者再花幾年去打造一部車子。然後，你可再去學農業，等農業學好之後，再去學耕種。」

任何阻礙發展的自我描述詞語都是應當驅除的惡魔。如果你非要有個自我描述標籤，不妨試試這個：「我是個驅魔師，專門驅除自我描述詞語這個惡魔，而且我喜歡驅除惡魔。」

5・人生就是為今天而戰鬥

我們生活著，就像不斷搭乘一個個航班，沒有終點站。每從一所學校畢業，生命便做了一個小小的跳躍，因為你從學校又學得了許多知識，獲致更多能力。然後，你要換個航班。

請記住：正如現在這多班機會遺失行李一樣，倘若你把這些知識能力只當作行李，它們難免在你不知不覺中遺失。你必須將它們時時刻刻帶在身邊。

你們應該明白，從某種意義上說，你們並不是真正離開學校，因為學校不僅僅只是一座建築物或學位帽子的發放處，而是走過大學校園路徑的一代又一代人，從過去到現在，同樣地從現在伸展到未來。未來會怎樣？沒有人知道。當然，我相信一定有許多變化。然而，變化是生命中永遠不變的東西。這話聽起來有些矛盾，卻很有道理——人生永遠不變的，就是變。

雖說每個人都有每個不同的人生，但是，你必須：立下幾乎不可能實現的夢想，盡你最大的能力去獲得；永不停止考慮每一個明天；勇於探索未知世界，開創前無古人的道路。要知道，全世界的人都在為今天而奮鬥！也因為人們在今天所做的努力，人類才有一個美好的明天！

第五章

最無益的情緒：悔恨與憂慮

——抱著昨天的陰影，會看不到今天的陽光

有位作家說：人生最笨的兩件事，就是「悔恨與憂慮」！

給人們造成精神壓力的，並不是今天的現實，而是對昨天所發生的事情的悔恨，以及對明天將發生的事情的憂慮。

在我們的生活中，悔恨或憂慮的例子比比皆是，人人幾乎都無例外。許多人要麼為自己不應做的事情而自悔自恨，要麼為可能發生的事情而憂心忡忡。你自己大概也是如此。你的頭腦裡如果存在著大片的「悔恨憂慮區域」，你就必須對之加以清掃、消毒，消滅那些侵蝕著你生活各個方面的「悔」和「憂」的蛀蟲。

在我們的社會中，悔恨和憂慮是精神抑鬱的最常見形式。當你悔恨時，你會沉緬於過去，由於自己的某種言行而感到沮喪或不快，在回憶往事中消磨掉自己現在的時光。或利用寶貴的現時，無休止地考慮將來的事情。無論是沉緬過去，還是憂慮未來，其結果都是相同的：你在浪費目前的時光。

那位作家還說了一句：

一周之內有兩天是絕不會使我煩惱的。我對於這兩天是無憂無慮的，並且絲毫不會為之而感到擔憂和煩惱。這就是昨天……與明天。

1．為什麼不重新審視你自己

你為什麼會長期接受各種憂慮和悔恨的信息呢？主要原因在於：對於這件事（也可能是跟你毫無關係的某件事），你如果不感到悔恨，就會被看作「缺乏良知」；如果不感到憂慮，就會被認為「不近情理」。這一切都涉及到是否關心他人。如果確實關心某人或某事，那麼你顯示關心的方法就是為自己做的錯事感到內疚悔恨，或者對其將來感到關注。這簡直就等於說，你要是一個有責任感的人，必須表現出神經機能性的冷血症狀。

在各種誤區行為中，悔恨是最為無益的，無疑是在浪費情感。為什麼呢？因為根據其定義，你是在現時中由於過去的事情而產生惰性。然而，無論你怎樣內疚悔恨，已經發生的事是無法挽回的。

在這裡，有必要指出內疚悔恨與吸取教訓兩者之間的區別：悔恨不僅僅是對往事的關注，而是由於過去某件事產生的現時惰性。這種惰性範圍很廣，其中包括一般的心煩意亂直至極度的情緒消沉。假如你是在吸取過去的教訓，並決意不再重做，這並不屬於消極悔恨。但是，如果你由於自己過去的某種行為而到現在都無法積極生活，那便是消極悔恨了。吸取教訓是健康的做法，這是個人發展過程中的必要環節。悔恨則是一種不健康的心理，因為這是白白浪費自己目前的精力。這種行為既沒有好處，又有損健康。實際上，僅靠悔恨是絕不能解決任何問題。

所以，你為什麼不「鄭重其事」，重新來審視自己一番呢！

2．你在悔恨些什麼

悔恨心理是通過以下兩種方式形成的——

第一種、是早年受其熏陶、影響，成年之後殘存下來的幼兒心理。

第二種是、成年人違反了自己信奉的行為準則之後自找的內疚悔恨。

一、殘存的悔恨心理

這是人們從幼時的記憶中保留下來的一種情緒。有許多可以誘發悔恨心理的信息，雖然這種信息僅對兒童有一定作用，但人們到成年之後卻依然不能擺脫其影響，這裡所指的促使兒童產生悔恨的語言，包括下面一些訓訴：

「你再這樣做，媽媽就不喜歡你了。」

「你到處闖禍，應該感到羞愧。」（彷彿這樣對你能有所幫助）

一個成年人可能依然受著這些話中所含潛台詞的影響，當他未能達到上級或長者的期望時，仍會感到難受。人們總是希望贏得贊許，一旦未能如願，便會產生悔恨的情緒。

殘存的悔恨心理也反映在家庭婚姻方面。因往事而反復自責、道歉，都是悔恨心理的表現。這些反應之所以存在，是因為人們在孩提時代已學會受大人的擺布，而且在長大成人之後，悔恨心理依然存在。

二、自尋的悔恨

這一類悔恨情緒則要複雜得多。例如，某個人因為最近所做的事情產生惰性，而這些事情卻未必與兒童時代有任何聯繫。這種悔恨是在他違背了成年人的行為準則或道德標準時強加於自己的。盡管痛苦的心情絲毫無助於已經發生的事情，有人仍會在長時間內情緒低落。典型的自尋悔恨行為包括：剛剛責備過別人，卻因此也會怪起自己來；或者由於自己曾經在商店偷一支鉛筆、一塊橡皮擦、未上教堂做禮拜或說過不得體的謊話等，一直十分懊喪。

因此，你可以將所有悔恨行為都視為一種心理反應，這種反應是你根據以往的行為標準作出的，而且依然下意識地期望以此取悅於某一位重要人物；或者你可以將悔恨視為自己期望達到某種高標準的結果，你實際上並不相信這些標準，但是出於某種原因卻在口頭上表示贊同。在這兩種情況中，悔恨都是愚蠢而無益的行為。你可以永遠坐在那裡，為自己所做的錯事而懊惱、內疚悔恨一直到死，但這種悔恨心理對於糾正過去的行為卻不會有一絲一毫的幫助。一切都成為往事！你之所以悔恨，是企圖改變歷史，是希望你未曾做過那件錯事。不過，你已經做了錯事，無論你怎麼內疚悔恨，也不會改變這一事實。

你可以逐步改變自己對所悔恨事情的態度。在我們的社會中，有著各種清規戒律，其中所含的信息就是「如果你得到樂趣，你就應該感到內疚悔恨。」你在許多情況下自尋悔恨，都是由於這種意識在作祟。你大概已經學會：不要放縱自己，絕不能欣賞低級下流的玩笑。雖然這種抑制性信息在我們的社會中幾乎比比皆是，但對於自我享受行為的悔恨卻完全是你自己造成的。

懂得這一點之後，你便可以學會享受樂趣而不感到內疚。你可以在不傷害別人、不妨礙社會秩序的前提下按照自己的價值觀念行事，並且毫不因此而感到悔恨。如果你做了一件事（無論何事），而事後你並不贊賞自己的行為，那麼你可以起誓絕不再做這種事情。以悔恨的方式折磨自己是一種誤區性的心理活動，你完全不必這樣折磨自己。要記住，悔恨是無濟於事的。這種情緒不僅使你陷入惰性，還有可能使你重蹈覆轍。悔恨情緒本身可以成為一種自我補償，同時也為你重走老路開放綠燈。你只要用悔恨情緒為自己的行為開脫，便可以在惡性循環中反復繞圈子，永遠處於精神不愉快的狀態。

3．悔恨對你有幫助嗎？

你為什麼要浪費時間去悔恨自己做過或未達成的事情呢？其主要原因有以下幾個方面：

一、如果你悔恨往事，就不必積極利用現在的時光去進行自我發展。顯然，同許多自我挫敗行為一樣，內疚悔恨是回避改變目前自我的一種手段。這樣，你可以將目前的狀況歸咎於過去，從而擺脫一切責任。

二、如果將一切歸咎於過去，你不僅可以回避為改變自己的現狀而做出艱苦努力，而且可以避免因改變而招致的各種風險。因對往事的內疚悔恨而產生惰性，自然比現時的荊棘路上邁進要容易一些。

三、人們往往以為，一個人在做了錯事之後，只要感到極為悔恨，最終總會被人寬恕的。這種求得寬恕的收效便是如同監獄的基本指導思想，即犯人因犯罪所受懲罰就是在長時間內感到精神痛苦。罪過越嚴重，所需的悔恨期便越長。

四、內疚悔恨可以使你重新回到幼時的受保護環境。當時，別人會為你作出各種決定並關懷、照料你。這樣你可以求助於過去的價值觀念，而不必掌握自己的現在。其結果是依然可以避免主宰自己的生活。

五、內疚悔恨有助於你將自己行為的責任推卸給他人。因受人擺布而激憤或將自己悔恨的焦點轉向別人，那些可惡的人神通如此廣大，以致能夠控制你的感情，包括使你感到內疚悔恨。

六、如果你因自己的行為產生內疚悔恨，即使別人並不贊許你的行為，你也往往能夠得到別人的贊許。你或許有些越軌行為，但是內疚悔恨的心理表明你意識到自己的過錯，並且正在努力加以糾正。

七、表示內疚悔恨是贏得別人同情的絕妙辦法。你希望得到同情，這說明你的自尊心並不強。但關係不大，因為你希望得到同情，甚於自珍自愛。

以上種種便是內疚悔恨行為帶來的最為明顯的好處。內疚悔恨同其它自我貶低情感一樣，是一種選擇，是你可以控制的情感。假如你不喜歡它，並希望消除它，以使自己完全「不再悔恨」，下面便是你可以採取的一些初步措施。

4・怎樣消除悔恨

我曾接待過一位中年男子，他已有相當一段時間與另一女子保持著婚外關係，並且為此感到內疚。然而，他卻依舊每周瞞著妻子去和情人偷偷幽會。我向他指出，他的內疚羞愧是一種毫無意義的情感。這種情感使他既不能改善婚姻生活，又無法享受婚外關係的樂趣。他面臨著兩種選擇：或者承認自己現在具有內疚悔恨心理，這樣做比較容易；而要認真審視自己的婚姻生活並努力改變這種狀況、改變自己，則要更為困難。

或者，他可以做另一種選擇：學會接受自己的行為，承認自己並不反對婚外關係，並且認識到在自己所肯定的價值中，包含有許多人所譴責的行為。在上述這兩種情況中，他都將消除自己的內疚悔恨心理，並改變或者接受自己的行為。

從現在起開始接受你自己所選擇的、別人未必贊許的某些事情。這樣，如果父母、上級、鄰居、甚至另一半不贊成你的某些行為，你可以認為這是正常的。回想一下前面關於尋求贊許心理的論述。關鍵在於你要對自己表示贊許；得到他人的贊許是令人愉快的，但也是無關緊要的。一旦你不再需要得到他人的贊許，你也就不會因自己的行為受到反對而內疚悔恨了。

重新審視你的整個價值觀念。哪些價值觀念是你所信奉的，哪些是你僅在口頭上接受的？列出那些虛假的價值觀念，並且盡力依照自己的道德標準、而不是他人強加於你的道德標準行事。

將你自己所做過的各種錯事列成清單。根據從1至10的打分標準，標明你對每件事的內疚悔恨程度，並且將各種錯事的分數加起來，想一想分數高低對你的現狀有什麼影響。你會發現現時依然是現時，一切內疚悔恨都是徒勞無益的。

客觀分析自己行為的各種後果。不要根據直覺來判斷生活中的是與非，判斷的標準應當是看你的行動是否使自己精神愉快，是否有助於你向前發展。

做一些你知道必然會使自己感到內疚的事情。例如，你剛到一個旅館，服務生要帶你去你的房間。你只有一件很小的行李，完全可以自己找到房間，你便可以告訴他你並不需要他的幫助。如果這位不待見的服務生仍然堅持要幫你拿行李，你可以指出他是在浪費自己的時間和精力，因為你不會為自己不需要的服務付小費。

此外，如果你一直想獨自到外地度假，你完全可以一個人去度一周的假，而不必顧忌家庭其他成員為使你悔恨而提出的反對意見。這些行為都將幫助你克服自己在各種環境下產生的內疚悔恨情緒。

在我們的社會中，利用內疚悔恨心理可以有效地控制他人，產生這種心理則會白白地浪費時間。憂慮作為同一問題的另一個方面，與悔恨的表現形式完全一致，只不過憂慮完全側重於未來以及各種可能發生的糟糕事情。

5．你的憂慮來自你的心理作用

沒有任何事情是值得憂慮的，絕對沒有！從現在起，你可以將自己的一生用於憂慮未來，然而你的憂慮無論如何也不會改變現實。憂慮的定義是，由於將來的某件事而在現時中產生惰性。必須注意不要將憂慮與計劃混同起來。如果你是在制定計劃，現時活動將使未來更有意義，這就不屬於憂慮。憂慮僅指因今後的事情而產生惰性。

憂慮同悔恨一樣，也是我們社會所鼓勵的一種心理。在這方面，憂慮與關心被混為一談。這就是說，假如你關心一個人，就必須替他憂慮。例如，你會聽到有人說：「我自然要擔憂了，當你關心一個人的時候，這是十分自然的。」「我不能不為你憂慮，因為我很愛你。」這樣，你就是在適當的時候以適當的憂慮來證實自己的感情。

憂慮是社會中的流行病。幾乎每個人每天都花費大量的時間擔憂未來。但這一切都是無濟於事的。憂慮根本不能改變現狀。實際上，憂慮的心理很可能會使你不能正視現實。而且，憂慮同愛情是毫不相關的，在愛情關係中，每個人應該做出自己的選擇，而不應被對方提出的條件所束縛。

人們所憂慮的，往往是自己無能為力的事情。無論怎樣為戰爭、經濟衰退或疾病而憂慮，都不會因此而得到和平、經濟繁榮或身體健康。作為一個普通的人，你是難以左右這些事情的。實際上你所擔憂的災難往往不像想象得那麼可怕、那麼嚴重。

我曾經為47歲的哈羅德進行過幾個月的詢診。他總是擔心自己被解雇以至無法養家糊口。他憂心忡忡，體重下降，開始失眠，而且常常生病。在心理詢診過程中，我向他指出，憂慮是無於事的，並談到如何保持心情舒暢。但是哈羅德是個地地道道的憂慮者，他感到自己有義務每天為可能發生的災難擔憂。在憂慮了幾個月之後，他終於被解雇了，他有生以來第一次失業了。然而，不到三天，他找到了另一個工作，薪水更高，更合乎他的口味。他利用憂慮的精力執著地尋求，迅速取得了成功。哈羅德的全家並沒有挨餓，他自己也沒有向命運屈服。與人們通常憂心忡忡的事情一樣，他們一家的最後結局並不十分可怕，甚至是十分圓滿的。不過，哈羅德通過親身經歷認識到憂慮是徒勞的，他實際上已經開始在生活中採取不憂不慮的態度。

6．消除憂慮、消除百病

有了憂慮，你在某些自我挫敗行為方面就有了現成的藉口。假如你體格高大，你在憂慮的時候必然要吃得更多，因而你完全有理由繼續堅持憂慮行為。同樣，人在陷入憂慮時要吸更多的菸，所以你可以利用憂慮來繼續酗酒，反正我好煩啊。在婚姻、金錢、健康等其它方面也有著相同的誤區性效果。憂慮心理可以幫助你避免做出改變。如果你胸疼，憂慮是很容易的，而冒著風險去了解實際病情並對自己採取誠實的態度，則不那麼容易。

憂慮會妨礙你投身於生活。憂慮者可以整天坐在屋裡，擔憂各種事情；而實幹家肯定要積極投身於生活。憂慮是使你無所事事的一種巧妙的辦法，只要我憂慮，我就是很了不起的病人。

憂慮會引起潰瘍、高血壓、痙攣、頭痛、腰痛以及其它種種疾病。這些疾病雖然看來並不是好事，但可以使你得到他人的極大注意，並使你有理由自我憐憫。

從現在起就開始生活，不要總憂慮將來。一旦發覺自己在憂慮，就問問自己，「我現在為憂慮而虛度光陰是要回避什麼事情呢？」然後，你便可以著手解決自己所要回避的問題。消除憂慮的最有效辦法是採取實際行動。

我的一位朋友過去曾有憂慮的習慣，他對我講述了他自己最近成功地克服憂慮心理的一個事例。他在某地度假期間，有一天下午去洗蒸氣浴，並在浴室裡結識了一個人。這個人在休假期間仍然每天憂心忡忡，他詳細地提出了我這位朋友應當憂慮的每一件事。他談到了股票市場行情，但又說短期的浮動倒不至使人憂慮，因為再過六個月，股票價格就會跌到很低的水平，這才是真正令人擔憂的。我的朋友聽完這番話後離去了。他打了一小時網球，同幾個孩子踢了一場足球，又與妻子痛痛快快地打了一會兒乒乓球。大約三個小時之後，他又回到蒸氣浴室。他剛結識的那位朋友依然在那裡憂慮著各種事情，並且一見到他又開始列舉其它各種需要憂慮的事情。在這段時間裡，我的朋友是在充滿激情的生活中度過的，而那個人則完全沉陷於憂慮之中。最重要的是，他們兩人的行為對股票市場都沒有絲毫的影響。

要認識到憂慮心理的荒謬之處。

你可以反復地問自己：「我的憂慮情緒能夠改變任何事情嗎？」

逐步減少你為自己安排的「憂慮時間」。每天上午和下午為自己安排十分鐘的時間用於憂慮。盡可能充分利用這段時間擔憂各種可能遇到的問題及困難。然後，理智地控制自己的思想，將所有其它憂慮都推遲到下一個指定的「憂慮時間」。你很快就會發現，這樣無益地浪費時間是可笑的，最終你將徹底消除自己的憂慮誤區。

要認識自己的悔恨及憂慮心理，關鍵在於意識到現時。應該學會在現時中生活，不要在悔恨過去或擔憂將來中浪費眼前的時光。你能夠真正生活的時間既不是過去，也不是將來，而是現在。然而，無益的悔恨和憂慮都浪費著你現在的寶貴時光。

第六章

打破那些「約定俗成」吧！

——不要讓那些似是而非的約定俗成牽著鼻子走

各種事物的名稱、觀念或法則，因大眾的沿用或被認為是大家公認的而變成一種無形的規則、變成一種約定俗成的習慣。

這就好像是，當你要做某件事時，卻有人告訴你——「喂，不能跨越那條線哦！」——也有的是，明明沒有那條線，而是你自己（在心裡）把它畫上去的！

在我們的世界上，有各種各樣「你應該」、「你必須」的框架，構成了一個很大的誤區，人們往往不加思索地照「章」行事。你可能對自己遵循的規則和方針不以為然，但同時又無法擺脫其束縛，無法自己確定適用的規則和方針。

任何事物都不是絕對的。任何規則或法律都不能保證在各種場合均能適用，或取得最佳效果。相比之下，具體情況、具體分析的原則倒具有更大的普遍性。然而，你可能會發現，違反一條不適用的規定或打破一種荒謬的傳統卻很困難，甚至不可能。順應社會潮流有時的確不失為一種生存的手段，然而如果走向極端，這也會成為一種神經過敏症。在某些情況下，按條條框框辦事甚至會使你情緒低落、垂頭喪氣。

公共秩序是文明社會的重要組成部分，法律則是維持文明社會必不可少的。但是，盲目遵循常規則完全不同。對於個人來說，盲目服從可能比違背規定更為有害。

因為，有些規定是荒謬的，傳統習慣也常常是毫無意義的。在這種情況下，你如果盲目地循規蹈矩，就無法真正地生活。現在，你應該重新審視各種規定，重新審視自己的行為了。

林肯曾經說過：「我從來不為自己確定永遠適用的政策。我只是在每一具體時刻爭取做最合乎情理的事情。」他沒有使自己成為某項具體政策的奴隸，即使對於普遍性政策，他也並不強求在各種情況下都加以實施。

一種規定或規矩如果妨礙精神健康、阻礙積極生活，就是不健康的。倘若你一方面遵守規矩，一方面又認為這種規矩是消極而令人討厭的，那你便已經放棄了自己選擇的自由，讓外界因素控制了自己。認真分析一下外界控制型及內在控制型的人，將有助於你進一步審視自己生活中的大量誤區的各種框架。

1．內在控制與外界控制

據估計，我們的社會中至少有57%的人屬於外界控制型。這就是說，你也很可能屬於這類人。外界控制型是什麼意思呢？簡單地說，如果你認為其他人或其他事物應對你現在的情緒負責，你就是外界控制型的。這樣，對於「你為什麼情緒不太起勁」這一問題，外界控制型的人就會回答說，「家裡待我很不好」，「朋友們不喜歡我」，「我最近倒楣得很」，要不就是「事情不太順利」。反之，如果有人問道「你為什麼這麼高興呢」，他們就會說，「朋友們待我很好」，「我時來運轉了」，「沒有人找我麻煩」，要不就是「她喜歡我了」。這種人還是在用其他的人或事解釋自己的情感，所以依然受著外界的控制。

內在控制型的人勇於為自己的情感承擔責任，這種人在我們社會中確屬少數。對於上述「情緒為何不太起勁」的詢問，他們的回答更側重於自己的內心世界：「我自己產生了一些錯誤的念頭」，「我過於注重他人的意見」，「我太擔心別人會怎麼看」，「我還不夠成熟，所以難免會情緒不太起勁」，「我還沒有學會擺脫精神上的痛苦」。同樣，內在控制型的人在情緒高昂時，也會用「我」來解釋：「我努力保持精神愉快」，「我為自己創造了有利條件」，「我主宰著自己，而且願意保持精神愉快」。這樣，我們就有四分之一的人為自己的情感承擔責任，而其餘四分之三的人則將一切歸咎於外界因素。你是屬於哪一類呢？所有的規矩和傳統幾乎都是外界因素強加於你的，也就是說，它們不是由你、而是由其他的人或事決定的。如果你的生活充滿著他人制定的條條框框，而你又不能掙脫其束縛，那麼你就是一個外界控制型的人。

宿命論者以及相信運氣的人都屬於外界控制型。你如果以為自己的一生都由命運預先安排好了，那麼只須按部就班地生活就行了，你很可能在各方面都受著約束，以致在生活中總是謹小慎微，不敢越雷池一步。

倘若你不衝破外界因素的控制，或者總是認為外界因素在控制著你，就不可能真正地生活，不可能有所做為。真正的生活並不意味著要消除生活中的所有問題，而意味著將外界控制轉變為內在控制。這樣，你就要對自己感受到的每一種情感負責。你不是一個機器人，無需根據他人制訂的各種莫名其妙的程序，糊里糊塗地度過自己的一生。你應該更為嚴格地審視這些條條框框，逐步控制自己的思想、情感和行為。

每當你不願為生活中的某件事承擔責任時，你都可以求助於抱怨責怪，這正是外界控制型人的護身法寶。

抱怨責怪徒勞無益。你可以盡情地抱怨別人，拼命責怪他們，但對自己不會有任何幫助。抱怨的唯一作用是為你自己開脫，把自己的精神不快或情緒消沉歸咎於其他的人或事。然而，抱怨本身是一種愚蠢的行為。即使抱怨能夠產生一定的實際效果，這種效果與你也是毫不相干的。通過抱怨，你可能會使別人悔恨，但你卻不可能由此而消除使你不快的原因。對於這種原因，你或許可以不去想它，但卻無法借抱怨而改變它。

你如果常常將注意力放在別人身上，有可能走向另一極端——偶像崇拜。在這種情況下，你會靠別人確定你的價值觀念。因此，如果別人做了一件事，你也希望做這件事。偶像崇拜實際上是自我否定，因為你在抬高別人，貶低自己，並且將自己的生活依附於外界事物。你可以贊賞他人及其成就，——這其中並不帶有任何自我挫的因素。然而，如果你模仿他人的言談舉止，甚至頂禮膜拜，這就構成了一個誤區。

在生活中，你所崇拜的偉大人物並不會使你本身有所提高。他們在任何方面都不比你更為高明。看看那些政治家、演員、運動員、歌星，或者你的上級、詢診醫生、老師、另一半等，他們之所以成為他們，僅僅是因為他們在其工作中頗有做為，然而也就僅此而已。

如果你要用外界因素來解釋自己的感情，或做為自己的行為標準，你就會像傻瓜一樣。你應該看到自己的成績，勇於為自己的行為承擔責任，這是消除上述誤區的第一步。你完全可以將自己做為崇拜對象。當你不再抱怨他人、不歸崇拜偶像時，就可以從外界控制型轉為內在控制型。對於內在控制型的人來說，普遍適用的「應該」標準是不存在的，——無論對自己還是對別人，都是如此。

2．是非概念的陷阱

現在我們要論述的是非問題與宗教、哲學或道德等方面的是非概念完全不同。這裡的重要研究對象是你，是你的是非觀念怎麼會使你精神不愉快這一問題。一般而言，你的是非觀念是一種普遍適用的「應該」標準。在這方面，你或許有著一些不確切的認識；例如，你可能認為，所謂對的就是好的、合理的，而所謂錯的則是壞的，不合理的。其實，這種認識是荒謬的，因為世上根本不存在這種意義的「是」與

「非」。這種「是」本身有一種保證：你如果以特定的方式做某件事，就肯定可以成功。然而，這種保證實際上是沒有任何意義的。從現在起，你可以將某個決定視為不同的、有效的，或者是合理的，但如果你將其視為對的或錯的，那你就掉進了一個陷阱，即「我一定要保證事事正確，如果某個人或某件事出了差錯，我就完蛋了！」

如果你總是會將世界劃分為完全對立的兩個方面：黑與白、是與非、好與壞、對與錯。事實上，要將世界上的事物都這樣絕對地分類往往是不可能的。聰明人通常都遊蕩在模糊的中間地帶，他們輕易不會明確地說對或錯。這種喜歡黑白分明的傾向在家庭生活及其它各種人際關係中最為明顯。

你或許會注意到，人們平常進行的討論總是會發展為辯論，最後無非是要證明一方是正確的，另一方是錯誤的。人們常常說：「你總認為自己一貫正確」或者「你從不認錯」。但是，在日常討論中，往往不存在是非問題。人是各不相同的，他們看問題的角度也不盡相同。倘若非要證實一方是正確的，結局必然是中斷思想交流。

現在，只有改變以是非標準衡量一切的思想方法，才能跳出這一陷阱。例如，克里夫每天都在家裡與妻子爭吵。我向他建議說，「不要總是力圖向你妻子表明她錯了，你不妨只同她討論討論，而不去辯明誰對誰錯。只要你不再強求她接受你的意見，你也就不必自尋煩惱，不必為證實自己的正確而無休止地爭吵了。」

其實，各種是非觀念都代表著一種「應該」的框架，而這些框架一點用處也沒有，只會找你麻煩罷了。

3．不明的是非觀念最會害人

我曾問過一位前來詢診的人，他是否很難做出決定。他回答說：「嗯，——這很難說。」你或許會覺得難於做出決定，甚至在小事上也是如此。這是習慣於以是非標準衡量事物的直接後果。人們之所以優柔寡斷，因為他們總希望做出正確的選擇，以為通過推遲選擇便可以避免犯錯誤，從而避免憂慮。如果做決定時能夠拋開僵化的是非觀念，那你將輕而易舉地做出決定。

如果你在報考大學時竭力要做出正確的選擇，則很可能不知所措，即使做出決定後，也還會擔心自己的選擇可能是錯誤的。因此，你可以這樣改變自己的思維方法：

「所謂合適的學院是不存在的。假如我選擇甲學院，可能會出現這些情況；可要是我選擇乙學院，則會出現另一些情況。」這兩者都談不上正確或錯誤，僅僅是有所不同而已。無論是選擇甲學院或乙學院或其它學院，都不會得到任何保證。同樣，要消除優柔寡斷的毛病，就不應將各種可能的結果看作對的或錯的、好的或壞的，甚至不應視為更好或更差。各種選擇的結果只是不同而已。例如，在商店裡，如果你買這件衣服，穿上之後你就是這個樣子，這與你穿另一件衣服只有差異，並沒有好壞區別。

只要你不再採用自我挫敗性是非標準，就會認識到，每當你做出一項決定時，你只是在權衡選擇哪一種結果。倘若你事後後悔自己的決定，並且認識不到後悔是浪費時間，下一次你就會做出不同的決定，以達到你的期望。但是無論如何，你絕不會以「正確」或「錯誤」來形容自己做出的決定。

任何事情都沒有主次之分。一個孩子在海灘上拾貝殼，通用汽車公司的總經理在制定一項重大決策，這兩個人所做的事都無所謂更為正確或更為錯誤、更為重要或更為次要。他們僅僅是在做著不同的事情而已。

你可能認為錯誤的思想是不好的，甚至根本不應提出來，應當鼓勵正確的思想。

你或許會對孩子、朋友或妻子說：「不正確的話不要說，不正確的事不要做。」問題恰恰出在這裡。這種以權威自居的態度如果擴大到國家或國際範圍，就會發展為極權主義。應該由誰來確定事物的是非曲直呢？這是一個無法圓滿回答的問題。法律只能決定一件事是否合法，卻不能決定它的對錯。

衡量真正生活與否的標準並不在於能否做出正確的選擇。你在做出選擇之後，控制情感的能力則更為明確地反映出自我抑制能力，因為一種所謂正確的標準包含著我們前面談到的「條條框框」，而你應當努力打破這些條條框框。這裡提出的新的思維方法將在兩個方面對你有所幫助：一方面，你將完全擺脫那些毫無意義的「應該」標準；另一方面，在消除是非觀念的誤區後，你便能果斷地做出各種決定。

4．荒謬的「應該」、「必須」標準

有人創造了一個小詞，叫「必須性」（necessity），借以描述人們循規蹈矩、安份守己的心理。每當你違心根據「必須」、「應該」標準行事時，你就陷入了所謂的

「必須性」。

一位傑出的精神病學家曾指出：

各種所謂的「應該」標準必然給人造成精神壓力，越是努力遵照這些「應該」標準行事，所受到的壓力也就越大。……此外，由於這些「應該」標準是外界強加的條條框框，所以它們總是會影響到人與人的關係。

「應該」標準在你的生活中占有主導位置嗎？你是否覺得自己「應該」和善地對待同事、「應該」照顧妻子、「應該」幫助孩子、「應該」努力工作？如果你在某一方面未能達到標準，你是否會責備自己，是否會感到精神上的壓力？當然，這些「應該」標準或許並不是你自己制定的。假如這些標準是別人的發明，而你僅僅是搬來借用，那你就是陷入了「必須性」。

實際上，同「應該」的框框一樣，「不應該」的框框也是數不勝數的，比如：「不應該」粗魯、「不應該」發脾氣、「不應該」糊里糊塗、「不應該」過於幼稚、

「不應該」沒羞沒臊、「不應該」抑鬱不樂、「不應該」唐突無禮等。然而，你沒必要在精神上折磨自己。不能保持冷靜或不善於理解人都是正常的。你只要願意，就完全可以不去顧忌臉面的問題。沒有人會給你打分數，你不按照別人的意願說話辦事也不會受到懲罰；更何況強迫自己做不情願的事情肯定難以持久。因此，任何條條框框都會給你造成精神壓力，因為你不可能完全按照這種誤區性要求行事。給你造成精神壓力的並不是你的不莊重、不顧他人、輕率隨便等行為，而是外界強加於你的各種條條框框。

實際上，你根本不必機械地遵守這些死板的規則；只要不妨礙他人，你認為怎樣做合適，就可以怎樣做。你可以依照自己的意願，決定如何為人做介紹，何時給小費，穿哪種衣服，說什麼話，坐在哪裡，怎樣吃東西等等。你如果不知道「該穿什麼衣服」或「如何做事」，非要去查查書或請教別人，那你就是放棄了自己的一部分價值。我並不是要人們成為社會的叛逆，叛逆者其實是通過標新立異而尋求贊許；我所要提倡的是在生活中以自己、而不是以外界為核心。真正的生活意味著無需在精神上求助於外界。

有史以來，人們在服從命令的旗號下，做出了一些最為可鄙的事情。納粹德國在第二次世界大戰期間，迫害並屠殺了六百萬猶太人和其它民族的人，因為這是當時納粹的「法律」。戰爭結束後，這種野蠻行徑的罪責被一級一級地推到了納粹政權的最上層，以致於最後在整個德國只有希特勒及其幾名高級官員對這些殘無人道的罪行負全部責任。至於其他人，僅僅在執行「元首的命令」，遵守「第三帝國的法律」。

在紐約州薩福克郡，有一位官員由於疏忽多徵收了一部分人的不動產稅。他決定不退回這筆多徵的稅收，其理由是：「對已經徵收的稅務不能做出任何更改。這是法律。我無能為力。我的職責是執行法律，不是解釋法律。」倘若換一個時間、換一個場合，這位官員肯定會成為一個出色的納粹黨工軍劊子手。然而，你從這裡可以了解到這種典型腔調，你或許可以經常聽到這種腔調：不要思考，執行規定！即使是錯誤的規定，也要執行。這也是政府典型的「死不認錯」！

在游泳池、網球場以及其他公共場所，大約有一半的規定都是毫無意義的。例如，不久前，在一個炎熱的傍晚，我見到一群年輕人坐在游泳池邊上，顯然很想在水裡泡一泡。我問他們說，池子裡並沒有人，為什麼不下水游泳。他們的回答是：下午

6點至8點是成年人的游泳時間。這是規定。

雖然暫時沒有成年人要游泳，但是規定不能違反。這裡沒有任何靈活性可言，在條件允許的情況下也不能改變規定。即使一項規定在特定條件下是毫無道理的，也應堅決執行。我向這些年輕人建議，應該想辦法修改這項規定，結果游泳池管理部門給我打電話，叫我不要煽動造反——擾亂社會秩序。

在我們的社會上，往往可以看到嚴格執行荒謬規定的情況。在此方面，軍隊是一個極好的例子。我的一位同事曾給我講述過士兵們如何堅決執行規定的一件事。他的所在部隊在南太平洋關島駐紮期間，印象很深的一件事就是許多士兵都自覺地遵守著一些顯然沒有道理的規定。例如，當時有這樣一項規定：在露天看電影時，軍官可以坐在有頂蓬的紅板凳上。可是在半夜放電影時，軍官是從來不去看的。這時就會有一個士兵專門守著這些空著的紅板凳，禁止任何人坐上去。這樣，在夜晚你經常可以看到一條水兵冒著雨看電影，而一排紅板凳卻空著，旁邊還有一名水兵在看守，以確保規定得以遵守。我的這位同事上前詢問為什麼要遵守這種荒謬的規定，他得到了一個標準的答覆：「我不負責制訂規定，我只管實施規定。」

諾貝爾文學獎得主赫塞曾在《德米安》（徬徨少年時）一書中寫道：

有些人極為貪圖安逸，他們不願思考、不願判斷問題，僅僅滿足於安分守己地生活；另一些人則在內心制訂有自己的法律。然而，明文法律禁止他們去做每個正直的人都會做的事情，可以去做的卻往往抉他們不屑一顧的事情。盡管如此，每個人又都必須做出自己的決定。

假如你要時刻遵守各種規定，就會成為規定的精神奴隸。但是，我們的社會倡導的就是循規蹈矩和不越雷池。這裡的關鍵問題是，你自己要確定哪些規定是可取的，並且是維護社會秩序所必需的，而哪些規定是在不妨礙自己或其他人的情況下可以違反的。為反叛而反叛是沒有意義的，如果你能夠按照自己的意願、根據自己的標準生活，你就會得到極大收益。

5・在「必需」和「不需要」之間

個人成長和世界發展都需要不通常理的人，而不需要順應潮流、聽天由命的人。推動社會進步的是具有革新精神、敢於打破常規、改造環境的人。如果你要變消極適應環境為積極改變環境，就必須學會抵制促使你順應社會習俗的各種壓力，可以說這是真正生活的必要條件。這樣，別人或許會認為你這是離經叛道；然而，要自己思考問題，就要準備付出這種代價。人們可能會說你別出心裁，標新立異：「正常人」可能不贊許你，甚至會孤立你。其實，既然你否定了其他人所信奉的行為標準，他們自然會不以為然。你會聽到人們經常提出這樣一種論點：「如果每個人都僅僅遵守自己願意遵守的規定，那我們的社會將會成為什麼樣子呢？」對這種說法的一個簡單答覆便是：大家不會都這樣做的！我們社會中大多數人都習慣於依賴外界、循規蹈矩，因此他們不可能這樣做。

我們在這裡絕不是鼓吹無政府主義。我們並不希望破壞社會秩序，只是希望在維護社會秩序的情況下，掙脫那些毫無意義的「必需」、「應該」的條條框框，使個人得到更多的自由。

即使是合理的法律與規則也並非能適用於各種場合、各種環境。我們要努力爭取的，是靈活做出選擇的自由，也就是說要能夠不受精神束縛，不必總是嚴格按規矩辦事。不必時時刻刻考慮社會環境的需要。否則，你就是一個毫無主見、隨波逐流的人。要掌握自己的生活，就需要有靈活性，需要自己不斷地確定在具體情況下各種規定是否適用。的確，亦步亦趨、照章行事比較容易，然而只要你認識到法律是為你服務的、而不是你的主人，你就會逐步消除自己的「必須性」。

要想不為社會環境所左右，就需要做自己的決定，爭取不聲不響地付諸行動。大吵大鬧、表示敵對情緒都不會起到積極作用。不合理的規定、傳統和政策是不會輕易消失的，然而你卻不必受其約束。其他人如果願意聽任擺佈，這與你沒有關係。他們要這樣做完全可以，但於你是不適宜的。為這種事而大吵大鬧往往會引起別人的反感和惱怒，並且會給你自己造成更多的障礙。在日常生活的許多問題上，你將發現，悄悄回避一種規定要比公開對抗來得容易一些。你或可按照自己的意願生活，或可根據別人的要求生活，——這得由你來選擇。

各種導致社會變革的新思想最初往往是為人們所拒絕的，甚至曾經是不符合法律的。進步總是與過時的傳統發生衝突。愛迪生、福特、愛因斯坦以及萊特兄弟在取得成功之前，都曾受到人們的嘲諷。同樣，你如果抵制不合理的規定和措施，也會遭到一些人的反對。

6．怎樣消除「應該」的標簽

要克服這方面的錯誤觀念，主要是應該敢於冒風險。要採取行動！在別人的規矩不適用於你的時候，下決心努力做出改變。

下面是一些有助於你克服「必須性」習慣的方法。

一、首先認真審視自己的行為，好好想一想上述各種誤區「好處」。然後，問問自己為什麼要背這麼多的「應該」包袱。仔細想一想自己是真的相信這些「應該」標準，還是僅僅習慣於這種行為方式。

二、列出你所遵守、但實際上又不適用的規則和標準。你可能不贊成這些荒謬的規則，似乎又無法改變自己。在這種情況下，你應該制訂出最為適用於自己的「行為準則」。現在就將自己的「準則」寫出來，即使你認為目前自己不可能達到要求，也先寫下來。

三、下決心冒點風險，改變你所不欣賞的一種規矩。然而，要做好思想準備，不要因自己的行動後果而產生消極情緒。例如，妳一向認為女子不應主動提出與男子約會，而到了周末妳又覺得閑著沒事，妳可以給一個男朋友打個電話，看看結果如何。再者，如果妳剛買了一件衣服，回到家發現有毛病，那麼即便那家百貨公司有「商品售出、概不退換」的規定，也可以拿著衣服回去商量一下解決辦法，必要時甚至可以去找最高一級的管理部門主管反映情況。不要總是遵守別人制訂的規矩，否則最後倒楣的很可能是你自己。

四、不應將各種決定分為對錯兩類，應當看到不同的決定會帶來不同的結果。在做決定時，要擺脫對與錯的概念，因為做出哪種選擇只是最後的結果不同而已。要確信你自己有能力做出決定，而不要總是從外界求得保證。應該努力使自己精神愉快，而不要只是滿足於符合外界的標準。

五、努力生活在現時之中，根據眼前的具體情況確定適用的規則和標準。不要將任何規矩都視為是普遍適用的，應當認識到，任何標準都僅僅適用於其特定環境。

六、不要邀請別人同你一起違反規定。你之所以違反那些沒有意義的規定，是因為你自己願意這樣做，而不是為了贏得別人的贊許，更不是為了嘩眾取寵、讓別人另眼相待。

七、不要在生活中勉強扮演某種角色。按照自己的意願行事，不要因為自己是男人、女人、中年人……就去做按常規應該做的事情。

八、不要再期待別人做出改變。別人為什麼僅僅因為你有看法就要做出改變呢？應該承認每個人都有權做自己的選擇，即便是你所不滿意的選擇。

九、要記住：問題並不在於其他人的所做所為，而在於你自己的反應。不要說「他們不應該那樣做」，最好說「他們這樣做了，但我卻不會因此煩惱」。

一八三八年，愛默生在《論文集》中寫道：

> 人們總是一遍又一遍地重複著一些陳詞濫調，然而，一旦他們衝破傳統的束縛，開始積極思考，便會創作出大量詩歌和故事，顯示出極大的智慧、希望、美德和學識。

這確是一種妙不可言的觀點。堅持因循守舊，你可以永遠保持現狀；擯棄舊的傳統，你便可以充分發揮自己的創造性，在生活中大有做為。

是的，你應該確定自己的行為，學會獨立地做出決定。不要總是從傳統習慣和規定中尋求答案，應該根據自己的意願去譜寫你的幸福之歌。

第七章

強求公正真的會帶來幸福嗎？

——凡事都要「要求公正」，反而會變成不近情理我們都習慣於在生活中尋求公道和正義，一旦感到失去了公正就會憤怒、憂慮或者失望。然而，尋求公道同尋求長生不老一樣不會有任何結果。我們周圍的世界本身就不是一個公平的世界。知更鳥吃蟲子，對於蟲子來說是不公正的；蜘蛛吃蒼蠅，對於蒼蠅來說也是不公正的。美洲獅吃小狼，小狼吃貛，貛吃老鼠，老鼠吃蟑螂，蟑螂吃……

只要環顧一下大自然，就不難看出世界上沒有任何公道可言。龍捲風、大洪水、海嘯和乾旱都是不公道的。實際上，這種公道的概念不過是海市蜃樓罷了。整個世界以及世界上的每個人都處在不公道之中。你可以高興，或者不高興，然而這與你周圍的不公道現象依然毫無關聯。

1．法律會保護窮人嗎？

我們提出的並不是什麼犬儒哲學，而是對客觀世界的真實描述。公道是一個脫離現實的概念，在人們對幸福的追求中，尤其如此。然而，許多人認為正義感在人際關係中是必不可少的。他們常常會說：「這是不公平的」、「如果我不能這樣做，你也沒有權利這樣做」或者「我會這樣對待你嗎」等等。人們渴望公道，在沒有公道時就會不愉快。尋求公道並不是什麼誤區行為，但是如果你一味追求正義和公道，未能如願便消極處世，這就構成了一個誤區。這種自我挫敗行為並不是指尋求公道行為本身，而是指由於不公道的現實存在而產生的惰性。

我們的社的提倡伸張正義、主持公道。政治家們在每一篇競選講話中都會厲聲急呼，講得好像他就是正義的化身：「讓每一個人都得到平等公正的待遇。」

然而，日復一日、年復一年、一個世紀又一個世紀，不公正的現象依然存在著。貧困、戰爭、瘟疫、犯罪、賣淫、吸毒和謀殺等各種社會弊病一代代地延續著。事實上，自人類有史以來，這些現象從未消失過。

不公道現象的存在是必然的，然而你可努力不使自己因此而陷入惰性，並可以用自己的智慧進行積極鬥爭。首先爭取從精神上不為這種現象所壓垮，然後努力在現實中消除這些現象。

在任何國家中，法律制度是伸張正義的。人民需要正義，有些人甚至為正義而奮鬥。但是，正義往往難以伸張。例如，在美國，有錢的人一般不會被定罪判刑；法官與警察往往會被有權有勢的人收買。監獄裡關押的都是窮人，他們在法律制度面前沒有任何自衛的手段。

大家都清楚，美國的一位總統和一位副總統顯然犯有重罪，然而一個得到赦免，另一個僅受到輕微的處罰。這是不公道的，然而卻是事實。安格紐靠逃避所得稅發家，尼克森則獲得赦免，他手下的幾個心腹僅僅在一個管理不嚴的監獄中服了幾個月的徒刑。相反，那些窮人，那些少數民族的人卻擁擠在牢房裡等待著審判，聽任命運的擺布。只要走訪一下美國的地方法庭和警察局，你不難發現：盡管官方一再否認，實際上對於有權有勢的人，法律總是另有一套不同的規則。正義和公道又在哪裡呢？哪裡也沒有！你如果決定同這種現象進行鬥爭，那的確是值得欽佩的。但是如果你決定因為不公道而感到煩惱，那你便同產生悔恨、尋求贊許以及其他自我折磨情緒一樣，陷入了一種誤區。

2．「這太不公平了！」

渴望公正的心理可能會體現在你與他人的關係中，妨礙你與他人的積極交往。「這太不公平！」——這是一種比較常見、但又十分消極的報怨。當你感到某件事不太公平時，必然會把自己同另一個人或另一群人進行比較。你可能會想：「既然他們能做，我也能做。」「你比我得到的多，這就不公平。」「我沒有那樣做，你為什麼可以那樣做？」

不難看出，你是根據別人的行為確定自己的得失。支配你情感的，是別人，而不是你自己。如果你未能做別人所做的事情，並因此而煩惱，你就在讓別人擺布你。每當你把自己同別人進行比較時，你就是在玩「不公平」的遊戲，這樣你採取的就是著眼於他人的外界控制型思維方法。

一位前來詢診的人曾經清楚地表明了這種自我挫敗的思維方法。朱迪是一位頗有魅力的女士。她抱怨說，結婚五年了，可她的家庭生活一直不大和諧。在一次小組詢診過程中，她扮演了一個捲入家庭糾紛的妻子。當扮演丈夫的年輕人說了幾句讓她不高興的話之後，朱迪反駁說：「你為什麼說出這種話？我可從來沒說過這種話。」當他談到他們的兩個孩子時，朱迪就說：「這不公平，我吵嘴時從來不把孩子扯上去。」當他們提到休假的日子時，朱迪說的還是：「你總是往外跑，讓我在家裡帶孩子，這太不公平了。」

朱迪實際上是把家庭事情列出清單，夫妻兩人各占一欄。必須公平。我這樣做，你也得這樣做。難怪她常常忿忿不平，總是考慮著要糾正她認為不公平的現象，而不是考慮如何使家庭生活更加美滿起來。

像這樣尋求公正，無異於走進了一條死胡同。她是在根據自己的行為衡量丈夫的做法，又根據丈夫的做法確定自己幸福與否。只要她不再無休止地進行這種比較，獨立地積極投身她所向往的生活，她便可以有效地改善家庭關係。

要求公正是一種注重外界環境的表現，也是一種避而不掌管自己生活的辦法。你可以確定自己的切實目標，著手為實現這一目標採取具體步驟，不必顧忌不公平的現象，也無需考慮其他人的行為和思想。

事實上，人與人之間總是有所不同。別人的境遇如果比你好，那你無論怎樣抱怨也不會改變自己的境遇。你應該避免總是提及別人，不要總是拿望遠鏡瞄著別人。有些人工作不多，報酬卻很高；有些人能力不如你強，卻因受寵而得到晉升；不管你怎樣不願意，你的妻子和孩子依然會以不同於你的方式行事。然而，只要你將注意力放在自己身上，不去同別人比來比去，你就不會因周圍的不平等現象而煩惱。

各種誤區性行為都有一個共同的思想基礎：將別人的行為看得更為重要。如果你總是說：「他能做，我也可以做」，那你就是根據別人的標準生活，你永遠不可能開創自己的生活。

3．典型的公平正義誤區

在生活的各個方面，我們都可以明顯地看到「渴求平等」行為。你只要稍加觀察，就會在自己和別人身上發現許多這種行為的縮影。下面是一些較為常見的例子。

抱怨別人的工作和你一樣、但工資卻拿得比你多。

認為那些著名歌星收入之高，實在不公平，並因此感到惱火。

認為別人做了違法亂紀的事總是逍遙法外，而你卻一次也溜不掉，因此感到十分不平。無論司機超速行車還是尼克森的水門事件，都要求做出公正處理。

總是說：「我會這樣對待你嗎？」其實就是希望別人都同你一模一樣。

總要報答別人的友善行為。你要是請我吃飯，我也應該回請你，或者至少送你一瓶酒。人們常常認為這樣做才是懂禮貌、有教養。然而，這實際上僅僅是保持公平對等的一種做法。

在愛人對你表示親熱之後，總要回吻，要不就是說「我也愛你」，而不會自己選擇表達感情的時間、方式和場所。這說明在你看來，接受了別人的親吻或「我愛你」而沒有相應的表示，就是不公平的。

即使自己不願意，也會出於義務去做愛，因為沒有一點合作精神太不近情理。這樣，你就不是根據自己在具體情況下的意願、而是根據公平對等的原則而生活。

對任何事情都要求前後一致，始終如一。愛默生曾說過這樣一句話：「……一味愚蠢地要求始終如一，是心胸狹隘者的癖病之一。」

倘若你堅持始終如一地以「正確」方式做事，就很可能屬於心胸狹隘的一類人。

在爭論時，非要辯出個明確的結論：勝利的一方就是正確的，失敗的一方則應承認錯誤。

以「不公平」的論據來達到自己的目的。「你昨晚出去了，今晚讓我待在家裡就太不公平了。」要是對方不接受你的意見，就憤憤不平。

做自己本不願意做的事情（如帶孩子上街玩、周末去父母那兒做客或給鄰居幫忙），因為你擔心不這樣做會對孩子、父母或鄰居太不公平了。其實，不要將一切問題都歸罪於不公平的現象。應該客觀地考慮一下你為什麼不能根據自己的情況做出適當的決定。

提出「如果他能這樣做，我也可以這樣做」的論點，用別人的行為為自己辯解。你可能用這種誤區性理由解釋自己的作弊、偷竊、輕佻、欺詐、遲到等不符合你的價值觀念的行為。

例如，在公路上開車時，一輛車把你擠到了路邊，你也要去擠他一下；一個開慢車的人在前面擋了你的路，你也要趕上去擋他一下；迎面來車開著大燈晃了你的眼，你也要打開自己的大燈。實際上，你是因為別人違反了你的公正觀念，而在拿自己的性命賭氣。這就是在孩子們中間經常出現的「他打了我，所以我要打他」的做法，而孩子們則是在多次見到父母的類似行為之後才學會這樣做的。如果這種「以眼還眼、以牙還牙」的報復做法擴大到國家關係上，就會導致戰爭。

每每收到禮品，都要回贈對方一件價值相當的東西，甚至加倍報答。堅持在各方面與別人保持對等，而不考慮自己的具體情況。「事物畢竟應該是公平對等的」。

上面就是我們在「公正之路」上可以見到的一些具體現象。在這裡，你同你身邊的人都多少會受到一些震動，因為你們頭腦中有一種完全不現實的概念：一切都必須是公平合理的。

另外，這種行為的「好處」往往是自我挫敗性的，因為這些行為脫離現實，將你引向一種烏托邦的幻境。人們之所以對「尋求公正」心理和行為戀戀不捨，其常見原因包括：

一、你可以為自己的正直而沾沾自喜，自以為高人一等。只要你堅持奉行不切實際的公正標準，並且努力維持均衡平等，就可以繼續自視清高，無需投身於真正的生活，並且可以自鳴得意地生活。

二、你可以將一切問題歸咎於不公平的人和事，不必為自己負任何責任，並且也為自己陷入惰性找到了理由，——好像未能根據自己的選擇來生活的原因，是由於這些不公平的人和事。這樣，你可以避而不去冒任何風險，無需努力做出改變。既然是不公平現象帶來了各種問題，那麼只要這種現象不消失，就不可能有所改變。當然，這種現象是永遠不會完全消失的。

三、抱怨不公正的現象，這可以使你贏得別人的關注與同情，又可以使你自我憐憫。世界對你是不公正的，所以你和你周圍的人都應該憤憤不平。這是避免改變的另一種絕妙手法。別人對你的關注與同情以及你的自我憐憫，不會促使你支配自己的生活並克服喜歡比來比去的習慣。

四、只要別人應該對你的言行負責，你就可以為自己的各種不道德、不合法、不適宜的行為辯解。如果他可以這樣做，我當然也可以這樣做。這是適用於任何情況的「完美」推論。

五、在抱怨不公正時，你完全有理由不採取任何行動。「如果他們什麼都不做，我也不做。」這是你在太懶、太累或太怯懦的情況下都可以玩弄的小手法。

六、抱怨不公正現象可以成為你的話題，這樣你就可以不與別人談論自己。抱怨世界上的各種不公正現象於其本身無濟於事，卻可以幫你消磨時間，或許還可使你避免過於坦率地談論周圍的人。

七、你可以支配其他人，尤其是你的孩子。告訴他們，如果不能像你那樣在人際關係上嚴格保持對等，那就是不公正的。這是將個人意志強加於人的一種好藉口。

八、既然一切都必須是公平的，所以你的報復行為也是合理的。這樣，你就可以為自己的各種惡劣做法辯解。報復完全是合理的，因為一切事物都必須是公平對等的。對別人的恩惠應當報答，對別人的刻薄也必須回敬。

以上，因為有這些「好處」的理由，所以會讓人更顯得理直氣壯！

4．怎樣消除尋求公正的「陷阱」

將你所見到的各種不公正現象全部列出來。將這些現象作為你採取切實行動的出發點。向自己提出這樣一個重要問題：「這些不平等現象會因為我憤慨而消失嗎？」答案顯然是否定的。努力消除致使你煩惱的誤區性心理，你便可以逐步跳出尋求公正心理這一陷阱。

盡量不再說：「我會這樣對待你嗎？」或其它類似的話，而應該說：「你我有所不同，只不過我暫時難以接受這一點罷了！」這樣你就可以建立、而不是斷絕與別人的交往。

不要再讓別人左右你的情緒。這樣，在別人未按你的意願行事時，也就不會陷入消極的報復。

爭取客觀地看待每一項決定，而不要將其視為轉變生活的重大事件。

將「太不公平」之類的話改為「真令人遺憾」或者「我倒真希望……」這樣，你就不致對世界產生不切實際的想法，並逐步接受現實，接受你並不贊賞的現實。

不要把自己同別人或別的事情比來比去。在制訂自己的目標時，不要考慮周圍的人在做什麼。如果你要做一件事情，就應該全力以赴地做好它，而不必羨慕別人所具備的優越條件。

假使你又講出「我如果晚回家總要給你打電話，你為什麼不給我打個電話」之類的話，立即改正自己，大聲地說「我覺得你要是給我打個電話，就更好了。」這樣，你就不會根據自己的行為要求別人給予同等待遇，同時也就消除了一個誤區性觀念。

外出作客時，不要隨身帶著酒或其它禮品答謝主人。等你自己高興時，送一瓶酒過去，再附一張便條注明：「我覺得這瓶酒很不錯，也許你會喜歡。」沒有必要嚴格奉行有來必有往、一物換一物的做法。只要你願意，就可以對人表示友好，而無須等待某一適當的時機。

在購買禮品時，你願意花多少錢就花多少錢，不要根據別人上次為你花費的錢數選擇回贈禮品。不要再出於義務或為保持公平而接受他人的邀請。根據自己的內在標準、而不是外界標準決定是否結識某個人。

在家庭生活中，根據具體情況制訂出適當的個人行為標準，並且鼓勵每個家庭成員都這樣做，然後看看大家能否在相互不發生衝突的情況下各得其所。如果你希望每周都有三個晚上外出活動，那你就不能因為要保持夫妻之間的「公正對等」而不出去玩。你們可以找個人臨時照看一下孩子，或者帶孩子一同出去，要不就商定另一種雙方都滿意的解決方法。

但是如果不厭其煩地談論「不公正」，必然會引起大家的不快，而最後可能誰也不能出去玩。應該採取切實行動，而不能總是抱怨不公正現象的存在。每當你受到不公正待遇時，你都可以在不陷入惰性的情況下找到一種解決方法。

不要忘記：報復也是受他人控制的一種表現。不要根據他人的行為採取行動，應該按自己的判斷行事。

這裡提出的僅僅是一些初步建議，這些措施將有助於你避免拿自己與別人進行比較、或者以別人的境遇作為衡量自己幸福與否的標準。問題的關鍵並不在於世界上存在著不公正現象，而在於你對這些現象所持的態度如何……

第八章

培養開創新知的探索精神

——把自己的視野打開，世界才會變大

你可能總是希望知道自己要去哪裡，達到目的之後會有什麼結果。我們社會的早期教育往往鼓勵謹慎，壓抑好奇；提倡穩妥，反對冒險：

「不要去做任何沒有把握的事情」、「不要冒險」、「千萬不要涉足於未知」……這種早期教育可能成為一種心理障礙，致使你在許多方面不能得到現實的幸福，不能達到自己的目標。

阿爾伯特・愛因斯坦是一個畢生探索未知世界的人。他在《論壇》雜誌上一篇題為「我的信仰」的文章中寫道：

「我們所能經歷的最美好事物便是神秘的未知。它是所有藝術和科學的真正源泉。」

然而，許多人將未知與危險等同起來。他們認為，生活的目的不過是保持熟悉的一切，因而總是希望知道自己在向哪裡去。只有那些莽撞之輩才會冒險去探索生活的未知方面，而且當他們探索之後，結果往往是大吃一驚，深感失望，甚至張惶失措。

當你還是童子軍隊員時，別人要你「時刻準備著」。但你怎能為未知做好準備？顯然易見，根本不能！因此，還是避免未知好，這樣你永遠不會落得可悲可笑的結局。還是穩妥點吧，別去冒險，你應該循規蹈矩，即使這些規矩是單調而死板的。

也許你已經厭煩這些已知的肯定事物，不再願意在每天到來之前便知道它是什麼樣的。如果在提出問題之前，你便已經知道其答案，那麼你就不會發展。給你印象最深的時刻，也許正是你本能地投身於生活，想做什麼就做什麼，並興奮地期望神秘的未來的時候。

我們一生中都在接受明確的文化信息的影響。這些信息始於家庭，在學校得到加強。學校教育兒童不要嘗試新的東西，並鼓勵他們回避未知。「上街別走丟了？」「去上次那家店買一瓶醬油」「同你所熟悉的人待在一起。」如果你至今仍持有這些觀點，那麼現在就應當奮力掙脫其束縛。你或許認為自己不能進行這種活動。然而，你首先應該了解自己希望避開新事物的習慣性心理。

1・要有嘗試新事物的勇氣

如果你充分相信自己，就有能力進行任何活動。一旦你敢於探索那些陌生的領域，便有可能體驗到人世間的各種樂趣。想想那些被稱為「天才」的人，那些在生活中頗有作為的人，他們並不是僅精通一件事的人，也不是回避未知的人。他們和你一樣也是普通人，唯一的區別是他們敢走別人沒走過的路，他們是時代的「先行者」。

所以，你可以重新審視自己，打開視野，進行那些認為是力所不能及的活動；否則，你就會以同樣的方式反復進行同樣的活動，直到你進棺材為止。事實上，偉人也是普通的人，他們的偉大之處往往體現在其探索的品質以及探索未知的勇氣上。

要積極嘗試新事物，就必須擯棄這種觀點：改變現狀不如苟且偷安，因為改變將帶來許多不穩定的未知因素。也許你一直認為自己非常脆弱，經不起折騰，如果涉足於完全陌生的領域，會碰得頭破血流。這是一種荒謬的觀點。當你身處逆境時，你可以依靠自己戰勝困難；當你遇到陌生事物、身處陌生環境時，你不會經不起考驗，更不會一蹶不振。

你還可能認為，做任何事情一定要有某種理由，否則做它又有什麼意義呢？純屬謬論！只要你願意，便可以去做任何事情，而不必一定要有理由。沒有必要為自己所做的每一件事尋找理由。你如果認為事事都要有理由，你就不能去嘗試新的經歷。

當你還是個孩子時，你會逗蟋蟀玩上一個小時，其理由只不過是你喜歡逗蟋蟀玩。你或者還曾上山躲貓貓或到樹林裡「探險」，——為什麼呢？因為你喜歡這樣玩。可當你成為大人時，你卻不得不為做每件事找一個充分的理由。這種對理由的「熱衷」阻礙你成長發展，使你不能開放自己。如果你不必再向任何人——包括你自己——就任何事情提出理由，那將是一種多麼令人寬慰的解脫啊？

你可以想做什麼就做什麼，其原因只不過是你願意這樣做。這種思維方式將向你展現出新的活動前景，並將有助於消除你迄今為止養成的消極生活方式——懼怕未知，不去嘗試新事物。

2·思想僵化會產生偏見

現在我們不妨審視一下自己的自發性，你是積極想嘗試新事物，還是思想僵化、墨守成規？所謂自發性，就是能隨時根據興致嘗試你喜歡做的事情。你甚至會發現，也許這並不是你喜歡做的事情，然而你還是喜歡嘗試一下。當然，別人可能會指責你不負責任或輕率魯莽，但當你享受探索未知的極大樂趣時，別人的觀點又有什麼關係呢？許多地位很高的人往往難於發揮其能動性，因為他們的生活方式是死板僵化的，他們對於自己盲從的荒謬清規戒律熟視無睹，無動於衷。

民主黨人和共和黨人都支持其各自政黨領導人的聲明，並贊成各自政黨的綱領。而那些積極自發、開誠布公的內閣官員往往會成為在野官員。各政黨都不鼓勵獨立思考，並就如何思考、如何講話正式規定了指導方針。然而，唯唯諾諾的人並不具有自發性，他們非常害怕未知，總是屈從他人的意願，唯命是從，亦步亦趨。他們從不提出異議，一味盡力滿足別人對他們的要求。可是在這種情況下，你自己處在什麼位置呢？你還是你自己嗎？你還能自發地選擇那些並不一定通向已知結果的道路嗎？

思想僵化的人永遠不會有所發展。他們往往按早已習慣的固定方式去辦事，而不會耍任何新把戲，搞不出什麼新名堂。

思想僵化會引起各種偏見，即「事先的判斷」。產生偏見的原因與其說是由於嫌惡甚至厭惡某些人、觀點或活動，倒不如說是由於固守已知因素——你所熟悉的人、觀點和事物——要保險得多、容易得多。偏見似乎對你很有幫助：可以借此回避未知的、因而可能產生煩惱的人、事物和觀點。

事實上，你的各種偏見對你是有害的：它們使你不能探索未知。要發揮能動性，就要消除你的事先判斷——偏見，並允許自己去接觸新的人和觀點。當然，事先判斷本身是避免進入朦朧迷惑境域、防止發展的一種安全措施。如果你不相信任何人，你便不會出錯，可這其實是你由於某種陌生感而不相信你自己。

亨利是我接待過的一位年輕的小伙子。他養成了一種「總要計劃」的誤區性心理，因而在生活中錯過了許多良好的機會。他在22歲時得到去另一個州工作的機會。可是，他被這一調動嚇得不知所措。他在喬治亞州能幹得好嗎？他將住在哪兒？他的父母和朋友又怎麼辦？對未知的恐懼使亨利陷入惰性，他放棄了這個機會，只求現狀，從而失去了實現個人發展、經歷新工作和新環境的機會。

正是由於這一件事，亨利才來找我詢診。他感到僵化刻板地堅持原定計劃是自己無法發展的原因；但同時，他又害怕掙脫計劃的束縛去嘗試新的經歷。通過詢診，我發現亨利對計劃的確有一種癖好。他每頓早餐總是吃一樣的東西，提前好幾天就計劃好某天該穿的衣服，把家裡的梳妝台按照化妝品的顏色和大小排放得整整齊齊。他甚至把自己的計劃性強加給全家。他不讓孩子們亂放東西，要妻子遵守他訂下的一套死板的規定。簡言之，盡管亨利幹什麼事都有條有理，但他仍是一個不幸福的人。他缺乏創造性，缺乏革新精神，缺乏個人激情。事實上，他本身就是一個計劃，他的生活目的只不過是根據計劃把一切安排得井井有條。

在詢診之後，亨利開始努力自發地生活。他認識到，他的計劃是操縱別人的手段，是避而不去探索未知的安全途徑。他放鬆了對家庭成員的要求，允許妻子和孩子不按他原先的期望行事。幾個月以後，亨利甚至向一家公司申請了一個需要經常調動的工作。原先他所擔憂的事情，現在變成他所喜歡的。盡管亨利還不是一個完全自發型的人，但他已有效地向他的誤區心理——「計劃生存」——提出了挑戰。他每天都在努力改變這種心理，並學著享受新的生活方式，不再去做什麼「計劃生活」了。

3．內心安全感與外界安全感

很早以前，你曾在學校裡學過寫作文。老師告訴你，要先寫一個好的開頭，然後寫出有條理的正文，最後再寫上結尾。遺憾的是，你可能將同樣的順序運用於自己的生活，將整個生活過程視為一篇作文：「開頭」是為成人期作準備的童年，「正文」便是安排、計劃得有條有理的成年階段，而「結尾」則是退休階段和幸福的晚年。所有這些有條理的思維使得你無法生活於現時之中。根據這一計劃，生活意味著穩妥的一生。然而，最終計劃——安全感，是為死人準備的。安全感意味著知道將要發生的事情；意味著沒有激情、沒有風險、沒有異議；意味著沒有發展，而不發展則意味著死亡。這種所謂的安全感是荒謬的。只要你生活在地球上，只要社會不改變，你就永遠不會得到安全。退一步講，即使這種安全感不是荒謬的觀點，也是一種可怕的生活方式。肯定的已知因素排除生活中的興奮感，因而也排除發展的可能。

上面講到的安全感是指外界的保障，如金錢、房產和汽車等物質財富，或者是工作或社會地位等生活保障。但是，世界上存在著另一種值得追求的安全感，這就是內心安全感。所謂內心安全感，就是相信自己能夠處理任何事情的安全感。這是唯一的持久安全感，唯一的真正安全感。財物終歸會毀壞，經濟衰退會使你耗盡錢財，房產也會被別人占有，但是唯有你自己，可以信賴，可以依靠。你應該相信你的內在力量，而將財產、工作或社會地位僅僅視為你生活中令人愉快、但可有可無的附屬物。

現在，請做這個練習。假定此時此刻，當你正在閱讀這本書時，突然有人撲向你，把你全身衣服剝光，扔到直升飛機上。假設直升飛機把你運到某一個陌生國度，留在一片荒地上。你既沒預先得到警告，也沒有帶任何錢財，除你自己之外，一無所有。你將面臨新的語言、新的風俗習慣、新的氣候，而你的全部所有僅僅是你自己。在這種情況下，你將生存下去，還是因愁困而死？你會結交新朋友、找到吃的住的呢，還是僅僅躺在那兒哀嘆自己多麼不幸？如果你需要的是外部安全感，你將無法生存下去，因為你的所有個人財物都已被人剝奪。然而，如果你具有內心安全感，並且毫不畏懼未知，那你就會活下來。

這樣，我們就可將「安全感」的定義改為——

知道自己可以應付各種局面，包括沒有任何外界安全條件的局面。不要跌入那種外界安全感的陷阱之中，因為這樣你就不能生活、不能發展、不能有所作為。看看那些無需外界安全感的人，他們並不事事都訂好計劃，卻可能事事走在前面，至少他們可以嘗試新的經歷並避開那種苟且偷安的思維陷阱。

4．內心安全感的誤區

懼怕失敗是我們社會的一種強大恐懼心理，從孩童時期別人就向你灌輸這種恐懼感，而這種恐懼往往將終生陪伴著你。

你或許會驚奇地得知，世界上並不存在失敗。所謂失敗，只不過是別人對你應該如何做某件事的看法。所以，一旦你相信沒有必要事事都按別人的意圖去做，你也就不會失敗了。

然而，有時你根據自己的標準也未能完成某項具體工作。在這種情況下，關鍵是不要將這件事與你的自我價值等同起來。你在某一具體事情中的失敗並不等於你作為一個人都失敗了，你只不過是在某一具體時刻中未能成功地進行某一具體嘗試而已。

希望取得成功的原因來自我們文化傳統中最具有自我毀滅性的四個字，你成千上萬次地聽到並使用的這四個字——「盡力做好！」這就是渴望取得成功這一心理的根源所在。「不管你做什麼事，盡力做好。」可是，如果一般騎自行車郊遊，或到公園去隨便散散步，又有什麼不對的呢？在你生活中，為什麼不能僅僅去做一些事情，而並不「盡力做好」呢？「盡力做好」這種誤區心理會使你既不能嘗試新的活動，也不能欣賞目前的活動。

我曾接待過一位18歲的女高中生，名叫安。她滿腦子都是想要成功的概念。她是個標準的全優生，踏進校門以來就一直如此。她每天花大量的時間拼命讀書、做作業，因而沒有時間過自己的生活。她簡直就是一架儲存書本知識的電腦。可是，安非常羞於和男孩子接觸，長到這麼大還從未同男孩子拉過手，更別說約會了。她養成了一種神經性抽搐的習慣，每當我們談及她性格的這一方面，她的面部就會抽搐。安一心想做一個成功的學生，並因此而忽略了全面發展。

在詢診中，我問她，在她生活中什麼更重要一些，「是你的（專業）知識，還是你的（其它）感覺？」——她自己也搞不清楚。盡管她是個出類拔萃的優等生，但她卻缺乏內心的安寧，而且實際上非常不幸福。在詢診之後，她開始重視自己的情感，她用學習課程的頑強精神來學習新的思維方法。

一年之後，安的媽媽打電話給我，說她女兒在大學一年級英語考試中，竟然有生以來頭一次得了個3分（編按．滿分是10分），她非常非常地擔心。我告訴她，這是件大好事，正說明她女兒在其它方面開始有所用心，說明她在全面發展；當媽媽的應該帶她到餐廳裡好好慶賀一番。

5．「盡善盡美」的陷阱

你為什麼非得什麼事情都要做好？誰又在給你記分呢？

關於盡善盡美，邱吉爾曾講過一句著名的話，這句話表明總想取得成功的心理會使你陷入何種惰性之中：

「唯盡善盡美者為上」，這句格言的含義就是兩個字：癱瘓。

是的，事事追求完善、都要拼命做好，這會使你自己陷入癱瘓。也許你在生活中，可以確定一些自己真地想盡的做好的事情。但就大多數情況而言，盡的做好、或僅僅是好好地做這種心理本身便是阻礙你做事的障礙。不要讓盡善盡美主義妨礙你參加愉快的活動，而僅僅成為一個旁觀者。你可以試著將「盡力做好」改成「去做」。

盡善盡美狂義意味著惰性。如果你為自己制訂盡善盡美的標準，那麼你便不會去嘗試任何事情，也不會有多大作為，因為盡善盡美這一概念並不適用於人。它也許只適用於上帝，但你作為一個人，不必以這個標準來衡量自己的行為。

你如果有孩子，不應要求他事事都要努力做好，因為這種要求會使小孩產生精神癱瘓和怨恨情緒。相反，你可以和孩子們談談他們似乎最喜歡的那些事情，並可鼓勵他們在這些方面努力（而不是「盡力」）做好。至於其它活動，「去做」要比「盡力做好」更為重要。例如，應該教小孩打排球，而不是讓他們站在一旁說「我不行」。只要孩子喜歡，就應鼓勵他們去滑雪、唱歌、畫畫、跳舞等等，而不應僅僅因為他們可能做不好某件事就不讓他們去做。不要教孩子們去競爭、去努力甚至去盡力做好。相反，在孩子們重視的那些活動方面培養他們的自尊、自豪和興趣。

兒童很容易受外界影響，將其自我價值與其成敗等同起來。因此，他會避開自己做不好的那些活動。更為危險的是，他可能會養成自卑、尋求贊許、內疚等心理——由自我摒棄心理產生的所有個性誤區。

如果你將自己的價值與成敗等同起來，必然感到自己是毫無價值的。想一想發明大王愛迪生。如果他以某項工作的成敗來衡量他的自我價值，那麼他在第一次試驗失敗之後就會認輸，就會宣布自己是個失敗的探索者，並停止用電燈照亮世界的努力。然而他並沒有認輸。失敗是成功之母，它可以激勵人們去努力，去探索。如果失敗指出了成功的方向，人們甚至可將其視為成功。正如一位作家說的那樣：

「我最近修改了一些名言，其中之一便是將『一事成功，事事順利』改為『一事成功，事事失敗』，因為我們從成功中學不到任何東西。唯一給我們以教益的便是失敗。成功僅僅堅定我們的信念。」

想想看。沒有失敗，我們就什麼也學不到；然而，我們已學會將成功視為唯一可以接受的衡量標準。我們往往避免進行可能會失敗的活動。懼怕未知因素的一個主要方面是害怕失敗。人們往往不做沒有成功把握的任何事情。這樣，害怕失敗意味著既懼怕未知，也懼怕由於沒有「盡力做好」引起的別人對你的不利看法。

6．探索精神會帶來新的道路

不到奇妙的未知世界去漫遊，這對於你確實有些「好處」，例如：由於你一直墨守成規，過著單調生活，那麼你就永遠不必獨立思考。既然你已經有一個計劃，那麼遇事只要看看計劃就行了，而不必去動腦筋思考。

回避未知也有「好處」。你是如此懼怕未知，那麼你只要固守熟悉的事物，就不必擔驚受怕，盡管這對於你的發展與成就會造成很大損失。走前人所開闢的道路總是保險的。然而，你可以想想哥倫布。當時，別人都告訴他，他的航海探險將徹底失敗，然而他最後成功了。墨守成規總比冒險探索來得容易。畢竟，未知是一種挑戰，而挑戰總會構成某種威脅。

你可以說，你在推遲自己的快樂，並認為這樣做是「成熟的行為」，從而固守熟悉事物並以此自慰。這樣，似乎推遲快樂是「成熟」的「大人行為」，但實際上你固守自我、回避未知的原因不是別的，正是你疑慮未知，懼怕未知。

你可以為自己做對了某件事而感到了不起。你一直是個好孩子。只要你以成敗為衡量標準，總可以把做成某件事看作自我價值的提高，並因此自鳴得意。然而在這裡，「做成了某件事」僅僅是別人對你的評價而已。

你可以努力選擇並嘗試一些新事物，即使你仍留戀著熟悉的事物。例如，在餐廳裡點一道從未吃過的菜。因為這道菜與其它的菜有所不同，而且你或許會喜歡這道菜也說不定。

也可以邀請一群觀點極不相同的人到家裡來做客。多和你不大熟悉的客人交談，少和你熟悉的朋友交談，因為你對朋友已經太了解了。

同時不要再費心去為你做的每件事找藉口。當別人問你為什麼要這樣做或那樣做時，並不非得說出可信的理由使別人滿意。你可以去做你決定做的事，為什麼呢？因為你想這樣做。

不妨試著去冒冒風險，使你解脫出日復一日的單調生活。例如，你可以在沒有預訂旅館、沒有地圖的情況下到外地度假。這樣，就要憑自己的能力來解決任何可能出現的問題。要不，你可以報考另一個工作，或者找一個你由於害怕其後果而一直避免與之接觸的人，同他談談話。上班時走另外一條路，或在午夜吃頓夜宵。為什麼？因為這與以往不同，而且你願意這樣做。

我的一位同事多年來總是告訴他的學生和詢診對象說，人人都需要在生活中嘗試未知事物。但在許多方面，他的這一勸告是空洞無力的，因為他自己首先就沒有去嘗試未知事物；他一直在某個大學裡任教，進行同一種詢診工作，享受著舒適的生活條件。他總是說人人都可以較好地生存於新的、不同環境之中，但自己卻一直眷戀著熟悉的舒適環境。

後來，他終於決定在歐洲生活六個月，因為這是他多年的向往。他參加了海外大學教育方案的工作，教了兩期心理學短訓班，並通過切身經歷體會到他有能力處理各種未知的事物。他在西德工作了三個月後，加強了自己的內心安全感，並發現盡管他在紐約有熟悉的舒適環境，但在歐洲，他同樣可以舉辦大量討論會、講演並進行詢診。其後，他又在土耳其一個偏僻小村裡住了兩周，在那裡，他做的事情比在紐約還多。這些經歷終於使他懂得，他可以在任何時候到任何地方去切實地生活，——這並不是因為那兒的外界環境有多好，而是因為他可憑借自己的內心力量和能力，像處理熟悉事物那樣順利地處理不熟悉的未知事物。

每當你發現自己避免接觸未知事物時，問問你自己：「如果我接觸了未知事物，最糟糕的結果會是什麼樣？」這樣，你很可能會看到，對未知的恐懼往往大於探索未知而產生的實際後果。

試著做一些愚蠢可笑的事情，如在公園裡赤腳走路，或者光著身子游泳。試著做那些因為你覺得「不應該這樣做」而避免做的事情。重新看待那些你以後視為愚蠢可笑、避而不做的事情，開闊眼界，嘗試新事物。

常常提醒自己，懼怕失敗往往是懼怕別人對你的否定或譏諷。如果「走自己的路，讓別人去說吧」，你便能夠用自己的標準——而不是別人的標準——評估你的行為。你衡量自己行為的標準，將不是你的能力是否高於或低於別人，而是你的能力不同於別人。

試著去做你一直以「我做不好」為藉口而回避的事情。你可以用一個下午來繪畫，讓自己得到充分享受。即使你畫出的畫不很好，你也沒有失敗，因為你至少高高興興地度過了一個下午。

記住：生長發展的反面是僵化死亡。這樣，你可以下決心每天都以不同的新方式去生活，去發揮你的主動性，進而享受生活。否則，你就會做出另一種選擇：懼怕未知，永遠單調地生活——失去活力，在精神上死亡。

接觸那些你認為使得你懼怕未知的人，主動同他們談談話。向他們明確表示，你打算嘗試新的事物，看看他們反應如何。你會發現，他們的懷疑態度曾是你擔憂的因素之一，因而你總是在這些否定態度面前陷入惰性。既然現在你可以正視這種態度，那麼你便可以發表你的「獨立宣言」，擺脫他們的控制。

放棄「盡力做好每件事」這一信條，讓你和你的孩子選擇那些重要的事情，努力做好；至於生活中的其他方面，只要去做就行了。盡力做好每一件事情是不必要的！事實上，「盡力做好」這一概念是極為荒謬的。不論是你，還是其他任何人，都不可能絕對「盡力」做好每一件事，——任何事物都有可供改進之處；就其屬性來說，人是做不到盡善盡美的。

不要讓你的觀點阻礙自己的發展。根據過去的經驗形成看法並堅持這一看法，無異於無視現實。重要的是現在，過去的真理未必是現在的真理。在評估你的行為時，不要根據你的觀點，而應根據現時的具體情況、根據你現在的經歷。如果你重視現在的經歷，而不是以主觀意志代替客觀現實，你就會發現未知是一個奇妙的世界，一個十分值得探索的世界。

記住：別人能做的事，你也一定能做到。你可根據自己的選擇，實現你的任何目標。牢牢記住這一點，每當為保險起見而回避未知時，都提醒自己一下。

每當你發現自己回避未知時，馬上警覺起來，同自己進行一場對話。告訴自己：在生活的具體關頭不知道正在往哪兒走，這並沒有什麼值得憂慮的。要改變一種習慣，首先必須對其有所意識。

故意在一些事情上失敗。如果你輸了一場網球，或畫了一幅糟糕的畫，你的個人價值是有所減少呢，還是沒有變化？你是不是仍然可以從愉快的活動中獲得樂趣？同你過去一直避而不接觸的人談談話。你很快就會發現，以前所持的偏見使你不再發展，並使別人對你不感興趣。如果你在接觸某人之前便對他做出評價，那麼你便不可能真正地了解他，因為你已對他有了成見。你所接觸的人越多，你就越會感到，自己由於偏見而失去了多少接觸人、了解人的機會，那些恐懼感和偏見是多麼荒謬可笑。認識到這點之後，未知將成為你不斷探索的領域，而不是你所懼怕、回避的某種怪物。

假設你現在走到一個三岔路口，一邊是安全穩妥的道路，另一邊則是通向無人涉足的未知之路。你會選擇哪一條道路？

要走哪一條道路，選擇完全得由你做出。懼怕未知的誤區在等著你以令人振奮的嶄新活動來取代，從而使你的生活充滿歡樂。在生活的道路上，你不必非得知道自己在往哪兒走，——只要你在走，在向前走……

第九章

憤怒可以解決問題嗎？

——憤怒能幫你的就是把你變成「人人厭」

你是否動輒勃然大怒？你可能會認為發怒是你生活的一部分，可你是否知道這種情緒根本無濟於事？也許，你會為自己的暴躁脾氣辯護說，「人嘛，總會發火、生氣的，」或者「我要不把肚子裡的火發出來，非得憋出胃潰瘍。」盡管如此，憤怒這一習慣行為可能連你自己也不喜歡，更別說別人了。

避免動怒的唯一方法是在內心消除這樣一種想法：

「你要是跟我一樣就好了。」

1．憤怒的誤區

其實，憤怒情緒並不是「人人都有」。你不必對它留戀不捨，因為它不能解決任何問題，而且任何一個精神愉快、有所作為的人都不會與其為伍。憤怒情緒是一個誤區，是一種心理病毒；它同生理病毒一樣，可以使你重病纏身，一蹶不振。

有些人當事與願違時，便會怒不可遏，像隻憤怒的公牛，要抓也抓不住。

憤怒既是你做出的選擇，又是一種習慣。它是你經歷挫折的一種後天性反應你以自己所不欣賞的方式消極地對待與你的願望不相一致的現實。事實上，極端憤怒是一種精神錯亂，——每當你不能控制自己的行為時，你便有些精神錯亂。因此，每當你氣得失去自制時，你便暫時處於精神錯亂狀態。

憤怒情緒對人的心理沒有任何好處。憤怒使人情緒低沉，陷入惰性。從病理學角度來看，憤怒可導致高血壓、潰瘍、皮疹、心悸、失眠、困乏甚至心臟病；從心理學角度來看，憤怒可破壞相愛關係、阻礙情感交流、導致內疚與沮喪情緒。

總之，它使你不愉快。你可能不相信這種觀點，因為你或許聽說過發火要比生悶氣更有助於身心健康。是的，生氣時把氣發出去比把氣憋在心裡要好得多；但是，還有一種比發火更好的方法——根本不動怒，為什麼不採用這種方法呢？這樣，你便不會為決定是發火還是生悶氣而自尋煩惱了。

同其他所有情感一樣，憤怒是思維的結果。它並不是無緣無故地產生的。當你遇到不合意願的事情時，就告訴自己說事情不應該這樣或那樣（你感到沮喪、灰心）；

爾後，便做出自己所熟悉的憤怒反應，以為這樣會解決問題。

你或許認為憤怒情緒可以使你達到目的，因而發怒是有道理的。我們可以就此認真分析一下。例如，你的兩歲的女兒現在街上玩耍，很可能會被車子撞上。你板起臉大聲叫她回來。如果你覺得這樣高聲說話的目的是為了讓孩子別在危險的地方玩耍，那麼這倒不失為一個很好的方法。然而，如果你因此而真的生氣，氣得臉發紅、心跳加快、亂摔東西——總之，在一段時間內陷入惰性，那你便是處於憤怒狀態了。你完全可以通過其它方法教育孩子，根本犯不上自尋憤怒。你可以這樣想：「女兒在街上玩很危險。我要讓她懂得在街上玩可能會讓自己受傷，是絕對不被允許的。我要高聲叫她回來，以表明我的堅決態度。但我無論如何也不會為此勃然大怒的。」

假設有一個做媽媽的，她根本不能控制自己的憤怒。每當孩子淘氣時，她總是大發脾氣。可是，她越是發脾氣，孩子們就越淘氣。她懲罰他們，把他們關在屋裡，大聲叫罵，激怒不已。與其說她在當媽媽，帶孩子，倒不如說她在帶兵打仗。她光知道大聲叫罵，一天下來，尤如從戰場歸來，累得精疲力盡。

在生活中，不管對什麼人動怒，它只能使別人繼續自行其是。盡管惹人生氣的人有時會後怕，但他同時也知道他可隨意叫對方動怒，從而在感情上控制對方。可悲的是，發怒的人往往認為可以通過憤怒來控制對方。

每當你以憤怒來回答某人的行為時，會在心裡說，「你為什麼不跟我一樣呢？這樣我就不會動怒，而且會喜歡你。」然而，別人不會永遠像你希望的那樣說話、辦事；實際上，他們在大多數情況下都不會按照你的意願行事。世界就是如此。這一現實永遠不會改變。所以，每當你因為自己不喜歡的人或事動怒，你便是不敢正視現實，在感情上折磨自己，使自己陷入惰性。為根本不可能改變的事物自尋煩惱真是太愚蠢了。其實，你大可不必動怒；只要你想想，別人有權以不同於你所希望的方式說話、行事，你就會對世事採取更為寬容的態度。對於別人的言行，你或許不喜歡，但決不應動怒。動怒只會使別人繼續氣你，並會導致上述種種生理與心理病症。真的，你完全可以做出選擇，——要麼動怒，要麼以新的態度對待世事，從而最終消除憤怒這一誤區。

也許你認為自己屬於另一類人，即對某人某事有許多忿忿之處，但從不敢有所表示。你積怨在胸，敢怒不敢言，成無憂心忡忡，最後積怨成疾。但是，這並不是那些咆哮大怒的人的反面。在你心裡，同樣有這樣一句話：「要是你跟我一樣就好了。」你以為，別人要是和你一樣，你就不會動怒了。這是一個錯誤的推理，只有消除這一推理，你才能消除心中的怨忿。雖然有怒便發比積怨在胸好得多，但你會慢慢懂得，以新的思維方式看待世事，以致根本不動怒，這才是最為可取的。你可以這樣安慰自己：「他是想搗亂，就隨他去。我可不會為此自尋煩惱。對他這種愚蠢行為負責的，是他不是我。」你也可以這樣想：「我盡管真不喜歡這件事，卻不會因此讓自己陷入困境。」

所以，為了消除這一誤區，首先你要勇敢地表示出自己的憤怒；爾後，以新的思維方法來保持精神愉快，將外界控制轉為內在控制；最後，不再對任何人的行為負責任，不因為別人的言行影響自己的精神狀況。你可以學會不讓別人的言行攪亂自己的心境。總之，你只要自尊自重，拒絕受別人控制，便不會再用憤怒折磨自己。

如果你對生活的態度可能嚴肅得近乎呆板。要知道，精神愉快的人最為明顯的特點大概就是善意的幽默感。讓別人開懷大笑，在笑聲中觀察五彩繽紛的現實生活，這是消除憤怒的最佳方法。

在我們這個世界上，你的言行以及你是否動怒會產生什麼影響？充其量不過相當於大海中的一滴水。對世界來說無關宏旨。只是前者使你精神愉快，後者使你精神痛苦罷了。

你的生活是否過於嚴肅，以致看不到這種生活的荒謬之處？要是一個人從來不笑，那他可能有些變態。每當你的言行過於嚴肅時，提醒自己，你所享有的時間只是現在。當開懷大笑可以使你如此愉快時，為什麼要以憤怒折磨自己呢？

笑吧，為笑而笑，這就是笑的理由。其實，你並不需要為笑尋找理由。只要笑，這就足夠了。冷靜地觀察生活在這個世界上的各種人——包括你自己，爾後再決定選擇憤怒還是幽默。請記住，幽默感會使你和其他人都得到生活中最為珍貴的禮物——笑。愉快地笑會使生活充滿陽光。

2・憤怒的臉譜

憤怒的人，會以各種形式來表達他的不滿情緒。

責罵或譏諷愛人、孩子、父母或朋友。

粗暴行為：摔東西、甩門甚至動手打人等。當此類行為走向極端時，便會導致暴力犯罪，而暴力犯罪幾乎都是惰性的憤怒的惡果。除非人們失去理智、因憤怒暫時陷入精神錯亂狀態，否則便不會出現毆鬥、謀殺等惡性事件。有人認為憤怒是正常的情感，而且某些心理學派鼓勵人們動怒並發泄憤怒情緒。如果相信這些看法，那將是危險的。同樣道理，那些大力渲染憤怒情緒與暴力行為、並將其視為正常現象的電視片、電影片和書籍都會對個人與社會造成惡劣後果。

「他真把我氣死了」或者「你太讓人生氣了」。你說這些話時，就是讓別人的言行使自己不愉快。

常講這些話：「宰了他」、「揍扁他們」或「不讓他好過」等等。你可能會認為這僅僅是講講而已，但這些話的確助長憤怒情緒和暴力行為，會使友好競賽變成憤怒逞狂的暴力爭鬥。

大發脾氣。這不僅是通常表示憤怒的方法，而且往往使發脾氣的人如願以償。

嘲弄、譏諷或生悶氣。這些方法同暴力行為一樣，具有很大的破壞作用。

盡管還可以無止境地舉出其它憤怒行為的表現，但上述例子則是這一誤區中最為常見的行為。

只有理解了為什麼不應動怒，才能放寬胸懷，盡量不去動怒。同樣，為了弄清動怒的根源，首先應當分析動怒有哪些心理動機。

每當你覺得難於控制自己、感到沮喪或受挫折時，你可以通過憤怒將自己的不愉快歸咎於其他的人或事，而不必控制自己的情感。

你可用憤怒來控制怕你發怒的那些人。對於控制那些年齡比你小、在心理上或生理上弱於你的人來說，這一方法尤為見效。

動怒會引人注意，因此你可以自以為了不起。

憤怒是個現成的藉口。你可以先狂怒一陣，然後向別人道歉：「對不起，我剛才實在不能控制自己。」這樣，你可以「失去控制」為理由來原諒自己的動怒行為。

你可以將自己的意志強加於人，因為別人寧願好言相勸，也不願你大鬧一場。

如果你害怕友誼，你可以為某件事發脾氣，這樣就可避免與別人交流情感。

你可以利用內疚感控制別人，讓別人捫心自問：「我哪兒做錯了，讓他這樣生氣？」當別人內疚時，你是強大的。

你可以憤然斷絕與別人的交往，因為你覺得別人比你更能幹，而自己受到威脅。你乾脆用憤怒來避免丟臉。

當你動怒時，不必找自己的原因，更不必改進自己。這樣，你就可以大吵大鬧，不做任何努力改正自己的脾氣。只要動怒，你就會好受。

在大怒一場之後，你可以陷入自我憐憫之中，自嘆無人理解你。

你只要勃然大怒，便不必認真思考。既然別人都知道你在動怒時頭腦不清醒，那麼當然可以利用這一點：只要你不想認真思考，就可亂發一陣脾氣。

你會說，有時你需要利用憤怒進行某些工作，這樣便可為憤怒找到絕妙的藉口。其實，憤怒只會使你陷入惰性，根本無助於任何工作。

你會說，「是人都會發怒」，從而為憤怒提供現成的理由：「我也是人，所以理應動怒。」

3．憤怒讓人得不償失

在電影《星際大戰》中，有一幕是天行者路克在面對黑暗大帝時，因為非常憤怒而開始怒罵黑暗大帝，黑暗大帝卻說：「是的，你盡管憤怒，因為只要你對我生氣、繼續咒罵我、痛恨我，你就站在我們這邊了。」

憤怒很容易把我們變成我們所厭惡的人。

美國有一名19歲女孩布萊森在麵包店排隊買杯子蛋糕，排她前面的女士花了很長時間選購，終於輪到她時，卻聽到她後面的女士對朋友說：「希望那個胖妞不會買光所有的杯子蛋糕。」布萊森事後接受媒體訪問時說：「我當時非常憤怒，也很想哭，所以，原本我只想買六個杯子蛋糕，最後決定花五十四美元掃光剩餘的杯子蛋糕。」

憤怒很容易讓我們失去更多。

沒有人會一直憤怒，但通常會有一些特定的人、事、物，就是會讓我們跳腳，這樣的刺激，我們可以稱之為「憤怒按鈕」。

發展心理學的研究告訴我們：憤怒是人對自己經歷之事所引發的主觀反應，會改變人的生理反應和行為，但哪一類事件會引起憤怒、引發何種身體徵兆及行為則因人而異。以下是幾種常見的憤怒按鈕：

一、受人嘲笑

二、別人告訴你應該做什麼

三、噪音

四、得不到你想要的（信任、肯定、尊重、接納、了解和原諒等）

五、沒有受到公平對待

六、某個人、某些工作、某種現象

你從中認出自己的憤怒按鈕嗎？讓我們看看恩如的故事：

客服人員小茹遭到客訴，但她發現客戶的描述與實際情形不符，誰知老闆竟然相信客戶的投訴內容，這讓小茹非常生氣。回家後老公問她：「為什麼你這麼生氣？」她突然醒了，「對呀，這種事不是常有嗎？我是客服員，本來就會遇到形形色色的客人，我何必生氣呢？」很快的，她明白自己生氣的原因：「老闆應該知道我是怎樣的人，怎麼可以只聽一面之詞，就認定是我的錯？」她的憤怒源自於不受老闆信任，因而產生受備佳及挫折感。

憤怒按鈕一旦啟動，憤怒獸就會甦醒過來，凡牠走過的地方，都可能化為一片焦土，滿目瘡痍。聖經〈創世記〉記載第一宗人倫悲劇：

「亞伯是牧羊的；該隱是種地的。有一日，該隱拿地裡的出產為供物獻給耶和華；亞伯也將他羊群中頭生的和羊的脂油獻上。耶和華看中了亞伯和他的供物，只是看不中該隱和他的供物。該隱就大大地發怒，變了臉色。耶和華對該隱說：『你為什麼發怒呢？你為什麼變了臉色呢？你若行得好，豈不蒙悅納？你若行得不好，罪就伏在門前。它必戀慕你，你卻要制伏它。』」

這是聖經首次提到與憤怒有關的故事。獻祭的目的，是祈求上帝赦免自己的罪，並感謝上帝賞賜豐盛恩典。亞伯獻上最好的，該隱卻不是。上帝看重亞伯對上帝的愛和敬畏，所以認為他行得好；該隱卻沒有藉此省察自己對上帝的心意，以致憤怒獸出場，而且就伏在他的門前。

上帝告訴該隱，你要制伏心中的憤怒獸，因為牠非常渴望要掌管你。該隱非但沒有聽從上帝給他的指示，反而讓憤怒獸作主，結果他殺死了亞伯，成了殺人凶手。

4・一腳踢開憤怒獸

我們究竟該如何馴服能力如此強大的憤怒獸呢？

有一天，嫉惡如仇的小琳告訴同事小菲：「你剛才犯了一個錯誤，辦公室的規定其實是這樣的。」沒想到，原本笑得燦爛可愛的小菲立刻拉下臉。小琳知道大事不妙，一邊自責出口太快，但是小菲知錯不改的強硬態度也快惹毛她了，於是她盡快離開現場，邊做一些不用太動腦的事情，一邊在心裡繼續跟上帝抱怨。等她抱怨完、氣消了，她開始想：「我剛剛跟她說話的口氣自認比以前柔和，雖然小菲違反規定，但是我和她都是吃軟不吃硬的人，如果我能以她可以接受的方式說，或許就不會觸犯到她的情緒地雷了……」

越想越覺得事情好像沒有那麼嚴重，生氣的狀態越來越少。一小時後，小菲走到小琳的桌邊，默默遞給她一張紙條，「抱歉，我又違返規定了！」然後再默默走回自己的座位。下班前兩人巧遇，小琳主動跟她打招呼，小菲的表情又恢復小女孩般可愛，於是兩人很愉快地互道再見！

章伯斯獲譽為「近代奧祕派」的使徒，人稱近代的勞威廉。在他逝世十年後，他的妻子將當年他對年輕人勸導的札記集結出版，書名為《竭誠為主》，至今已是超過千萬人讀的書籍。

書中曾提及：「負面的情緒，常常是要倚靠上帝，並且自己願意一腳把它踢開。人的情緒多半根據肉體情況而生，要經常竭力拒絕聽從因肉體情況而生發的情緒，一秒鐘也不可以退讓。我們要揪著自己的領口，叫自己振作起來，就會發覺能夠做自己以為不能做的事。我們不肯做，往往成了自己的咒詛。信徒的生命，是在肉身活出屬靈勇氣和抉擇的一種表現。」

看到這裡，你或許會想，這不是在鼓勵我們壓抑情緒嗎？曉芳的親身經歷，很想去跟對方據理力爭，但心中有個聲音告訴她：「再爭論下去，同事可能會更生氣，兩人又得周旋半天，我勢必得花更多心思力氣來處理自己的情緒。可是，我馬上要去見一位重要的客戶，屆時表現可能因此受影響。所以，忍耐、忍耐，我要仰望上帝，求祂的愛澆灌我。」

當天，客戶很滿意曉芳的洽談，睡前，曉芳突然想起那位同事，發現自己竟然完全不介意彼此的爭執，甚至想起對方平時的付出與辛勞。更奇妙的是，第二天這位同事主動來恭喜她得到重要客戶，兩人都覺得很愉快。由此可知：

一、制伏憤怒獸即便很困難，但倚靠上帝可以戰勝困難。

二、人被上帝的愛充滿，就有能量、能力饒恕讓自己感覺受傷和憤怒的人。

三、愛真的很重要。活在愛裡的人，才能真正好好活著。

對於憤怒獸，我們可以選擇靠著耶穌的愛及力量，一腳踢開牠，好讓自己能更享受不受憤怒操控的自由。

5．不要讓憤怒獸吃定你

憤怒這一誤區是可以消除的。當然，需要很多新的思維，並且只能逐步實現。每當你遇到使你憤怒的人或事時，要意識到你對自己說的話，然後努力以新的思維控制自己，從而使自己對這些人或事有新的看法，並做出積極的反應。下面是消除憤怒情緒的若干具體方法。

最為重要的是，當你憤怒時，首先要冷靜地思考，提醒自己：不能因為過去一直消極地看待事物，現在也必須如此。自我意識是至關重要的。

試試推遲動怒的時間。如果你在某一具體情況下總是動怒，那麼先推遲10秒鐘，然而再照常發火；下一次推遲15秒，然後不斷延長間隔時間。一旦你意識到可以推遲動怒，你便學會了自我控制。推遲憤怒也就是控制憤怒，經過多次練習之後，你會最終完全消除憤怒。

當你想用憤怒情緒教育孩子時，可以假裝動怒：提高嗓門或板起面孔，但千萬不要真的動怒，不要以憤怒所帶來的生理與心理痛苦來折磨自己。

不要欺騙自己說你可以喜歡令人討厭的東西。你可以討厭某件事，但你仍不必因此而生氣。

當你發怒時，提醒自己：人人都有權根據自己的選擇來行事，如果一味禁止別人這樣做，只會延長你的憤怒。你要學會允許別人選擇其言行，就像你堅持自己選擇言行一樣。

請你信賴的人幫助你。讓他們每當看見你動怒時，便提醒你。你接到信號之後，可以想想看你在幹什麼，然後努力推遲動怒。

寫「動怒日誌」，記下你動怒的確切時間、地點和事件。強制自己誠實地記錄所有動怒行為。只要持之以恒，你很快會發現，記錄動怒的行為本身將促使你少動怒。

在大發脾氣之後，宣布你又做了件錯事，現在你決心採取新的思維方式，今後不再動怒。這一聲明會使你對自己的言行負責，並表明你是真心實意地改正這一誤區。

當你要動怒時，盡量靠近你所愛的人。消除敵對情緒的方法之一是握住對方的手，即使你不情願也要把住他的手，一直到你向他表明了自己的感情並平息了憤怒情緒之後，再鬆開手。

當你不生氣時，同那些經常受你氣的人談談心，互相指出對方最容易使人動怒的那些言行，然後商量一種辦法，平心靜氣地交流看法。比如可以寫信、由中間人傳話或一起去散散步等，這樣你們便不會以憤怒相待。其實，只要在一起多散幾次步，你便會懂得發怒的荒謬了。

當你要動怒時，花幾秒鐘冷靜地描述一下你的感覺和對方的感覺，以此來消氣。最初10秒鐘是至關重要的，一旦你熬過這10秒鐘，憤怒便會逐漸消失。

不要忘記：在生活中，至少有一半人在一半時間裡會不贊成你的所做所為。只要預計有人會不同意你的言行，你就不會動怒了。相反，你會告訴自己：世界就是這樣，並不是人人都同意我的感覺、思維和言行的。

應該記住：雖然有怒便發比積怨不發要好得多，但根本不動怒才是最為可取的。一旦你不再認為動怒是自然的、是人的一種本性，你便可以在內心消除憤怒。

不要總是對別人抱有期望。只要沒有這種期望，憤怒也就不復存在了。

提醒自己：孩子們總是活蹦亂跳、吵吵鬧鬧的，為此而動怒是沒有任何意義的。儘管你可以幫助孩子們在其他方面做出積極選擇，但你永遠不會改變其基本特性。

自愛。你要是自愛，就永遠不會以動怒來折磨自己。

在遇到挫折時，不要屈服於挫折，應當接受逆境的挑戰。這樣你便沒有時間來動怒了。

憤怒沒有任何好處，它只會妨礙你的生活。同其他所有誤區一樣，憤怒使你以別人的言行確定自己的情緒。現在，你可以不去理會別人的言行，大膽選擇精神愉快，——而不是憤怒。

第十章

時間才是命運的主人

——不要把人生浪費在托延的沼澤中！

在有限的生命之中，卻有人無限地浪費時，說起來真是不可思議，為什麼會有這麼奢侈的人，竟然會浪費那麼多錢也買不到的東西！

你經常拖延時間嗎？如果你同大多數人一樣，那麼就會說：「是的。」不過你很可能希望在生活中消除因拖延而產生的憂慮。你所推遲的許多事情可能都曾希望盡早完成，由於某種原因才一拖再拖。

拖延是生活中十分常見的一種現象。有時你甚至每天都要對自己說：「我的確應該做這件事了，不過還是等一段時間再說吧。」你很難將「拖延時間」這一誤區歸咎於外界因素，因為拖延時間的是你，由此而受害的也是你。

拖延時間是一種最常見的誤區。雖然從長遠的觀點看，拖延時間是一種不健康的行為，然而卻很少有人能夠說他自己從不拖延時間。同其它誤區一樣，這種行為本身並不含有任何不健康的因素。只是由此產生的情感或惰性才構成一種不健康的行為。倘若你喜歡拖延時間，不因此悔恨、憂慮或煩惱，那你完全可以繼續下去，而且也沒有必要再讀這一章。實際上對於大多數人來說，拖延時間不過是避免投身於現實生活的一種手段而已。

1.「希望」、「但願」、「或許」

這三個小詞構成了拖延時間的心理支撐系統。

「我希望問題會得到解決。」

「但願情況會稍好一些。」

「或許問題不太大。」

拖延時間者就是喜歡講這些話。這些「或許」、「希望」、「但願」可以成為你目前不願做某事的理由。而「但願」和「希望」無異於童話中的夢想，完全是浪費時間。無論怎樣希望或但願都無濟於事，你只不過為自己提供不切實進行生活中重要活動的藉口而已。

只要有決心，你可以實現自己的任何意願。你並不脆弱，而且是非常堅強、非常有能力的。然而，如果你將事情推遲到未來，你就在逃避現實，懷疑自己，甚至欺騙自己。拖延時間的心理會使你在生活中更加懦弱和不斷幻想，總希望情況會有所好轉。你可能會說：「我要等等看，情況會好轉的。」這種話表明，你在現實生活中陷入了惰性。對於有些人，這已經成為一種生活方式。他們總是明日復明日，因而也就總是碌碌無為。

馬克是我最近接待的一位顧客，他對我抱怨說，他的家庭生活很不美滿。馬克已經五十多歲，結婚也快三十年了。在交談中，他表示早已對自己的婚姻生活感到不滿。他說：「我們的婚姻一直就不理想，從一開始就是如此。」我問他怎麼不離婚，而拖延了這麼長時間，他坦率地回答說：「我總是希望情況會逐步好起來。」他已經希望了近三十年，而他們的夫妻生活依然很糟糕。

於是，我們進一步談到他的生活和婚姻狀態，他承認自己在十多年前就患了陽萎症。我問他是否找醫生看過，回答是「沒有。」他開始回避性生活，同時希望這一病症會自然消失。用馬克自己的話說，就是：「我當初認為自己身體肯定會好起來。」

馬克在婚姻生活中表現出典型的惰性。他對問題採取回避態度，並為之辯解說：「如果我暫時不採取行動，問題可能會自行消失的。」但是，馬克發現問題從不會自然消失，它們總是保持原狀。即使事物有時會變化，一般也不會向好的方向發展。如果沒有外界因素的推動，事物本身（環境、情況、事件以及人）是不會有所好轉的。

要使生活變得更加充實，必須做出積極努力。

我們可以進一步審視拖延時間的行為，看看可以採用哪些方法消除這一誤區。要消除這一誤區，不需要精神上作出很大努力，因為與其它誤區不同，不需要精神上作出很大努力，因為與其它誤區不同，這一誤區的各種問題完全是你自己造成的，絲毫沒有任何文化環境的影響。

2．托延就是生活上的逃兵

曾有一位新聞記者將拖延時間稱作為「追趕昨天的藝術」，我想在後面再加上半句——「和逃避今天的法寶」。這就是拖延時間的作用。有些事情的確是你想做的，絕非別人要你做，然而，盡管你想做，卻總是一拖再拖。你不去做現在可以做的事情，卻下決心要在將來某個時候去做。這樣，你便可以避免馬上採取行動，同時安慰自己說，你並沒有真正放棄決心要做的事情。這種巧妙的思維過程大致如下：「我知道自己必須做這件事，可我真擔心自己做不好、或者不願做。所以準備以後再做，這樣我也不必說今後不做此事，因而可以心安理得。」每當你必須完成一項艱苦工作時，你都可以求助於這種站不住腳、但卻很實用的邏輯。

如果你一方面堅持自己的生活方式，另一方面又說你將做出改變，你的這種聲明沒有任何意義。你不過是個缺乏毅力的人，最後將一事無成。

拖延時間有程度輕重之分。你可以將事情拖延到一定時候，然後趕在最後期限之前完成。這是一種常見的自欺欺人的行為。既然你是在最短的時間裡幹完工作的，那麼即使工作結果極糟，或者未能達到最佳水平，你都可以安慰自己說：「這是因為時間不夠。」

其實，你的時間是很充裕的。你知道，別人比你忙、時間比你緊，可照樣能辦成事。你如果總是抱怨太忙（拖延時間的一種方式），那你就無暇做任何工作。

我曾經有這樣一位同事，可稱得上是拖延時間的高手。他總是在講自己制訂了多少多少計劃，要做多少多少工作。任何聽他講話的人只要想像一下他所描述的緊張生活節奏，都會驚得目瞪口呆。然而，稍微再了解一下就不難發現，我這位同事並沒有做多少實際工作。他總是思索著各種各樣的計劃，但卻從未著手做任何一件具體的事情。我猜想，他每天晚上入睡前都會自我安慰一番，暗自保證第二天一定要完成一項工作。不然得話，他又怎能安然入睡？他或許知道自己第二天什麼也不會做的，不過只要能起誓去做些事情，他便可以保持眼前的心情平靜。

語言未必能表明你是個什麼樣的人。相比之下，行為倒更能切實地反映出你的本質。只有你現實的行為才能表明你是個什麼樣的人。

愛默生曾經寫道：

> 不要做任何表白。你的行為雄辯地說明了一切，其聲震耳欲聾，使得我聽不清你的任何辯解。

今後，當然聲稱要做一件事、而又知道自己不會去做這件事的時候，不妨想想上面這段話。這正是醫治拖延病症的特效藥。

3．雖然說得頭頭是道，終歸是一個差勁的人

拖延的生活習慣是避免採取實際行動的一種手段。一個不動手的人常常很善於動口，——當別人埋頭苦幹時，他袖手旁觀並提出一些頗富哲理的評論。評頭論足總是很容易的，而要實幹就必須做出努力、承擔風險甚至進行變革。

在我們的社會中，有著許許多多的評論家，我們甚至出錢請他們評論。觀察一下你自己以及周圍的人，你會注意到各種評論在我們的社會交往中占有很大比例。為什麼呢？很明顯，評論別人的行動總比自己採取行動來得容易。看看那些真正的冠軍，那些取得過最佳成績的人，如拳王、棋手和電影明星等等。他們都是實幹家，是佼佼者。這些人會站在一旁苛刻地評論別人嗎？世界上真正的實幹家是沒有時間議論別人的。他們總是忙於自己的實際工作。他們會幫助那些天賦較差的人，但不會對別人評頭論足。

我們不能否認建設性評論的積極意義，然而如果不去實幹卻僅僅旁觀，你不會有任何發展和提高。此外，即使評論，也很可能誇大別人的缺陷和不足，以掩飾自己的

無所作為。實際上，你可以學著不去理會那些「業餘」評論家的吹毛求疵。首先，你應該認識到自己的類似行為，繼而努力克服這種傾向，使自己成為一個實幹家，而不是光說不幹的評論家。

是你感到的一種情緒，只要積極利用自己的大腦，發揮自己的能力，你可以擺脫這種情緒。

如果利用現實做些自己願做的事情，或者充分發揮自己大腦的思維能力，你就永遠不會厭倦生活。這依然要由你做出選擇。

對事物的看法，有些人雖然說得頭頭是道，但終歸是光說不練，不行動的人就是只會逃避的人，在以下幾個方面，拖延時間要比採取行動來得容易一些。

一、目前的工作沒有任何發展與提高的機會，而又不願調換工作。

二、夫妻感情已完全破裂，卻依然要保持婚姻關係。勉強維持婚姻生活（或獨身生活），同時幻想著情況會有好轉。

三、不願花氣力解決與別人交往時遇到的各種問題，如害羞和恐懼心理。不積極採取糾正措施，只是消極等待事物的自然轉變。

四、不戒除自己的不良嗜好，如酗酒、吸毒或抽菸，總是說「我要願意的話，就會戒掉的」；然而你很清楚，遲遲不採取行動的原因在於——你不相信自己能戒掉這些不良嗜好。

五、有心做些苦活兒、累活兒，如清掃房間、修理門窗、縫縫補補、修剪草坪、粉刷牆壁等等，但卻遲遲不動手，好像你要是耐心拖下去，這些活兒或許就不用做了似的。

六、有心花一天或一小時高高興興和孩子們一起玩玩，卻因為工作太多或有要事纏身而一拖再拖。同樣，不能在晚上抽時間與家人出去吃頓飯、看場戲或觀看體育節目，總以「太忙」為理由拖延。

七、決定從明天或下星期開始節食。然而，推遲總比開始要容易一些，所以你會說：「我明天就開始做，」這個明天自然是遙遙無期的。

八、以感到疲乏或要休息為藉口拖延。你是否注意到，每當你即將著手進行一項艱苦的工作時，事前你就會覺得十分疲乏。隨時隨地都可能會出現的疲勞感是一種絕妙的拖延手段。

九、當你面臨著一項令人頭疼的任務時，就會生病。如果身體不好，怎麼能完成任務呢？同疲勞一樣，這也是一種很好的拖延辦法。

十、採取「我沒有時間」的策略，這樣你就可以名正言順地不去做某件事。實際上，你若真心想做一件事，就總會擠出時間來的。

十一、自己覺得身體不舒服，可又不願去醫院檢查。通過這種拖延，你可以避而不正視可能出現的疾病。

十二、厭倦生活。這只是一種拖延的方式，你以令人厭煩的事情為藉口避免進行更為積極的活動。

十三、總是在制訂鍛煉身體的計劃，卻從不付諸行動。「我馬上就開始跑步……從下星期起。」

4．只要想改變，一切都不會太遲

人們之所以拖延時間，有三分之一的原因是自我欺騙，另外三分之二的原因是逃避現實。堅持這種行為主要有以下「好處」。

一、通過拖延時間，你顯然可以不做自己感到頭疼的事情。有些事情你害怕去做，有些事情你想做又不想做的。不要忘記，沒有任何事情是黑白分明的。

二、維持這種自我欺騙心理可能會使你心安理得，因為你無須承認自己是笨蛋。

三、只要能一再拖延時間，你可以永遠保持現狀，無須力求進取，也不必承擔任何隨之而來的風險。

四、你如果厭倦生活，就可以抱怨說是其他的人或事使你情緒消沉。這樣，你可以擺脫任何責任，並且將一切歸咎於令人厭倦的那些事情。

五、通過對別人評頭論足，你可以自以為高人一等。你可以通過貶低別人的行動來抬高你的形象。這也是一種自我欺騙行為。

六、期待事情出現轉機，同時認為客觀環境造成了你的精神不愉快——各種事情似乎都在與你作對。這樣，即使無所事事也是理所當然的。

七、不做任何沒有把握的事情，就可以避免失敗，從而也無須證實你對自己所抱的懷疑。

八、盼望出現美妙的奇跡，如聖誕老人給你送禮祝福，這樣可以重溫安穩的童年生活。

九、由於不能從事自己所喜愛的活動，你就可以贏得別人的同情，也可以憐憫自己。

十、若一再拖延時間，最後又在極短的時間內趕完工作，那麼即使工作做得很差，甚至很不像樣，你也可以辯解說：「我時間不夠」。

十一、在你拖延某件事時，別人或許會幫你做這件事。這樣，拖延又成了你擺布別人的一種手段。

十二、通過拖延時間，你可能會對自己以及自己的行為產生不切實際的想法。

十三、避免做工作，你就不會取得成功。這樣，你不會因取得成績而高興，不必在成功的基礎上再接再勵。

在對自己拖延時間的原因有了一定的認識之後，你可以開始採取一些具體措施來清除這一自我挫敗性誤區。

5．這麼做的話，也許你就會煥然一新

雖說「坐而言，不如起而行」這句話大家都明白。可是，畢竟知道歸知道，那種仍然我行我素的人，卻大有人在，人的惰性就像身體的一種慢性病很難治癒，因為不自覺或是心想反正死不了，而被輕忽了。其實，只要不是絕症，當然可以治癒。所以，你不妨——

在眼前的五分鐘努力切實生活。不應總是考慮各種長期計劃，應爭取充分利用眼前的五分鐘做自己要做的事情，不要一再推遲可以給你帶來愉快的那些活動。

現在就去做你一直在推遲的事情，或許是寫封信，或許是著本書。在採取實際行動之後，你會發現拖延時間毫無必要，因為你會逐步打消自己的各種顧慮。

問一問自己：「倘若我做了自己一直拖延至今的事情，最糟糕的結果會是什麼呢？」結果往往是微不足道的，因而你完全可以積極去做這件事。認真分析一下自己的畏懼心理，你會懂得維持這種心理毫無道理。

給自己安排出固定時間（例如：星期三晚上9點至9點15分）專門做曾被拖延的事情。你會發現只要在這15分鐘內專心致志地工作，你往往可以做完許多拖延下來的事情。

要珍愛自己，不要為將要做的事情憂心忡忡。不要因拖延時間而憂慮，要知道，珍愛自己的人是不會在精神上這樣折磨自己的。

認真審視你的現時，找出你目前回避的各種事情，並且從現在起逐步消除自己對真正生活的畏懼心理。拖延時間意味著在現時生活中為將來的事情而憂慮。如果你把將來的事情轉變為現實，這種憂慮心理必然會消失。

戒菸……從現在開始！節食……從現在開始！戒酒……從現在開始！你現在就可以放下這本書，馬上做一個俯臥撐，以此開始自己的鍛煉計劃。你解決問題的方法就是……從現在開始！立即採取行動！妨礙你採取行動的完全是你自己，因為你以前不相信自己的力量，做出了一些錯誤選擇。你看，這多麼簡單，——只要去做就行了！

——認真審視一下自己的生活。假設你今生今世還有六個月的時間，你還會做自己目前所做的事情嗎？如果不會的話，你最好盡快調節自己的生活，現在就去做你最緊迫、最需要做的事情。為什麼？因為相對而言，你的時間是很有限的。在時間的長河中，三十年和六個月是相差不多的。你的全部生命只不過是短暫的一瞬間，因而在任何方面拖延時間毫無道理。

鼓起勇氣去做一兩件你一向回避的事情：一個勇敢的行動可以消除各種恐懼心理。不要再強使自己「做好」，因為「做」本身才是關鍵所在。

晚上睡覺之前，努力排除或切疲勞的感覺。不要以疲勞或疾病為藉口拖延任何事情。你會發現，當疲勞或疾病失去其意義時，也就是說當它們不能成為你推遲工作的理由時，導致拖延的因素會「奇跡般地」消失。

不要再使用「希望」、「但願」、「或許」等詞，因為這些詞會促使你拖延時間。每當你發覺自己的話裡又出現這幾個詞時，就應該改變自己的話。例如：

應該將「我希望事情會得到解決」改為「我要努力解決這件事」；

將「但願我心情會好一些」改為「我要做些事情，保持心情愉快」；

將「或許問題不大」改為「我要保證沒有問題」。

每天都記錄下你所發出的抱怨和議論。做這種記錄可以達到兩個目的：一方面，你可以意識到自己在生活中的評論行為，即你是怎樣評論的，評論了多少次，評論的是什麼人、什麼事；另一方面，做這種記錄是件令人頭疼的事，這也會促使你平時不要再亂作評論和抱怨。

如果你所拖延的事情涉及到其他人（例如搬遷、性生活或調換工作），你應該與這些人商量一下，聽聽他們的意見。要敢於擺出自己的各種顧慮，這樣將有助於你認識到自己的拖延是否完全是出於主觀原因。在知心朋友的幫助下，你們可以共同分析問題、解決問題。不久，你就會完全驅散因拖延時間而產生的憂慮。

與家庭成員制訂一項協議，明確提出你想做而一直拖延的事情：一同打場球，出去吃頓飯，看場戲，度假旅遊……。讓大家各執一份副本，並且規定違約時將受的懲罰。你會發現這種辦法很靈驗，而且你本人也可以從中受益，因為你往往也會從這些活動中得到樂趣。

你要是希望改變客觀世界，就不要怨天尤人，而要做些實際工作。不要總是因拖延時間而憂心忡忡，並為此而陷入惰性，應該努力消除這一令人討厭的誤區，爭取投身於實時生活中！做個腳踏實地的人，而不是希望家、幻想家或評論家。

第十一章

正向思考的力量

——獻給：想要改變自己、重新出發的朋友

前不久，我曾經看過一句話——

「生命就是以不斷出發的姿態來進行……」

這不經意閃過眼前的文字，卻讓我產生極大的震憾！是的，人生就是必須每天以新的思維、新的作為，來開拓自己的未竟之路；否則只是停滯，只是一灘渾水、一眼死水，如此浪費生命又有何意義呢？

哈佛大學最近有一個研究報告，題目是——

「你為什麼會生活得又窮、又消極？」

我們不妨來看看這個報告中，特別指出的9項「人生不可為」的行為模式：

1・猶豫不決

比一般衝動魯莽更糟糕的就是猶豫不決，像牆頭草一樣的人，無論你其他方面多麼強大，在生命的競賽中總是容易被那些堅定不移的人擠到一邊去。

北美中央草原的野狼每天起來的第一個願望，就是要比跑得很快的羚羊更快，否則牠將面臨饑餓；而羚羊每天起來的第一個願望，就是要跑得比在後面追趕的野狼更前頭，否則牠將面臨死亡。

所以說，在狼與羚羊的「生存哲學」中，並沒有「猶豫不決」這個字眼。

當然在人生列車的前進中，每個人都難免會犯錯，但犯點錯總比什麼都不敢做的強。英國哲學家懷海德說，「畏懼錯誤就是毀滅了進步」。

2．拖延症

這種人可以用一句話來概括：

「計劃很豐滿，執行很骨感。」

很多時候拖延就是逃避問題和懶惰，把橫在前面的困難放大，望而卻步。抱著能拖一天是一天的心態找各種借口逃避。經常抱怨，「工作太無聊」「老闆太苛刻」「事情太多了」「明天再來做好了」……

隨之而來，我們就會陷入「工作越來越無趣」「人生越來越無聊」的泥潭中。愈加懶惰，愈加消極。會陷入懊悔過去和幻想未來的陷阱中，時間累積，會產生更加強烈的負罪感和自我否定，讓人越來越焦慮。

法國文學家、諾貝爾文學獎得主羅曼·羅蘭說，「懶惰是很奇怪的東西，它讓你以為那是安逸，是休息，是福氣，但實際上它所給你的是無聊是倦怠是消沉。」

3·三分鐘熱度

世界上有80%的失敗，都來自於——半途而廢。

三分鐘熱度的人不過是從來沒有體驗到堅持做一件事成功後帶來的喜悅。因為堅持的過程總是枯燥又充滿挫折的。人的天性又是好逸惡勞。每一年一開始筆記本的前幾頁都寫滿了宏偉的計劃，後面幾乎都是空白的。

「購買了一本好書，可惜的是，到現在都還沒有開始讀……」

「下決心健身減肥，差不多只堅持了三天就放棄了……」

幾乎所有人都有過「雄心勃勃地制定計劃，心灰意冷地放棄計劃」的經驗。這種一而再、再而三的經驗，久而久之，會讓挫敗感愈來愈重。

4．害怕被拒絕

既厚重而又脆弱的自尊，在人際關係中我們感受到的「痛」都和「感到被拒絕」有息息相關的連繫。

有時候這種拒絕是很顯然的，比如情人突然的離去或者被朋友背叛和疏遠。有時這種拒絕也可以是很細微的，比如你給對方一個微笑的眼神，對方卻移開了目光。或者你鼓起勇氣給對方發了一個信息，對方卻很久才簡短回復。

一個能放下自尊去做事情的人是專注目標成果導向的人。而把自尊心放在第一位的人，在人際交往做事情的時候，總是會關注他人對自己的態度。所以一個人越是百無一用的時候，越是容易執念於那些無足輕重的底線與小自尊心。

「害怕被拒絕」也是無能之輩說服自己的安心丸。

5．自我設限

這是一個「殺死」自己潛力的好方法，他們經常這樣說，我想做A，但是我怕做不到，因為有BCDE種等等的原因。他們還沒去做之前就先否定自己，並給自己找了一堆不付出努力的理由，所有的平庸和低成就都是自我設限的結果。在自己的心裡默認了一個高度，這個心理高度常常暗示自己，這件事情我肯定做不到，就做到差不多就可以了。

這種心理暗示可以幫你阻擋任務失敗帶來的挫敗感，並給你帶來自我感覺良好的感覺，但是卻剝奪了你「往上再走一步」的成功機會。法國作家拉羅什富科說，「平庸的人，總是在抱怨自己不懂的事情。」

6・逃避現實

逃避現實也就是「白日夢患者」。逃避現實的人有五個特徵：

一、經常做白日夢。逃避現實者更願意營造出一個屬於自己的小世界。

二、喜歡隨心所欲，無拘無束的生活。說白了就是嚮往遊手好閒的生活。

三、沉迷於遊戲或是魔幻影視、線上遊戲。它們可以引領你走進那個神奇浩繁的世界，讓你逃避日常的現實生活。

四、覺得現實世界很殘酷。在追尋白日夢的時候，常常會遭受來自四面八方現實生活的打擊。

五、無法面對不確定的環境，因為在你營造的小世界裡，才能找到安全感。

7・總找藉口

「錯不在我！」這句話聽起來很熟悉，所以應該有一票人常常在使用。

人一旦犯錯，第一反應常常是自我辯護。喜歡找藉口的人，都有一個共同的特點：沒有強烈的事業心，沒有執著的追求，人生沒有一個堅定的信念。所以遇到壓力，遇到困難，他們就不承擔，也不想去承擔。遇到風險、遇到挑戰就退縮，不承擔，要退縮就迫使他們找藉口，因為找藉口是最容易辦到的事情，這是掩飾自己無知的方法，然後從中尋找自我安慰。

8．恐懼

謹小慎微的懦弱，他們在工作中總會有這樣的感受：害怕被領導批評，害怕別人覺得自己無能，害怕別人知道自己的缺點。在意別人的評價，害怕犯錯，害怕自己的付出得不到回報。

有一句話說：「我不敢下苦功琢磨自己，怕終於知道自己並非珠玉；然而心中又存著一絲希冀，便又不肯甘心與瓦礫為伍。」——其實這就是心智的弱小，而不願意去面對挫折罷了。

9．拒絕學習

你不是寂寞，只是不想學習。

學習需要費腦子，自我成長需要不斷和自己作鬥爭，多痛苦啊，還不如舒舒服服躺在家裡玩手機看影片，然後等著看同齡人薪資比你高，生活過得比你好時，你又只會在朋友圈感嘆自己時運不濟。

我從未見過每天從早忙到晚拖著疲憊身子回家的人過得空虛寂寞冷，大多數人的空虛寂寞，基本上都是吃飽了閑著沒事幹。

隨著時代的發展，一些固有的習慣可能會限制我們的觀念，觀念一旦固定就會帶來消極的影響，會讓我們不再用多角度地去思考問題，哈佛大學的喬伊斯·馬特勒教授告訴我們，樹立起創富新觀念並踏踏實實行動，不要認為成為富人是一件很難的事情——問題是：你準備好了嗎？

「醫生，我到底是焦慮？還是憂鬱？還是怎麼了……」

這個問題，在心理門診時是求診病人最常發問的一句話。

根據聯合國世界衛生組織統計，全球大約有三億人患有抑鬱症（即憂鬱症）。不過，我有一位心理醫生朋友彼得卻說這個統計可能只是根據門診數據，而非實際情況，因為以他二十年的行醫生涯，他認為每個成年人或多或少都有點抑鬱症……

「那你自己呢？」我不禁捉狹地問道。

「我也是一樣啊！」他笑著回答說。

醫學研究已證明心理治療能治好抑鬱症，其中尤以「認知行為治療」最有效，抑鬱者對凡事悲哀，心理得不到快樂的思維。因此，心理醫生會幫助患者審視他負面思考的行為模式，引導他嘗試新事物、新想法與新做法，從而推翻負面的心思、減輕心理壓力，走出抑鬱症。

至於每個人或多或少都有點憂鬱傾向，只不過輕微的患者能自己抗得住，並不會影響他們的正常生活。追根究柢「求醫也要求己」，抑鬱症並非絕症，重要的是要重新改變以下幾種思維方式，就可以豁然開朗，走出自己的「憂鬱之門」了！

1．自我否定

抑鬱者擅長否定自己的正向情緒和正向行為；與此相反的是，他們對自己的負面情緒和負面行為特別「寬容」。他們下意識任由自己的負面情緒滋長，儘管他們也不是真的喜歡負面情緒。

假如一個男生對她表白，她會想，自己這麼不出色的女生怎麼可能擁有幸福，肯定這份感情不能持久。而當男生終於離開她時，她會苦笑，看吧，我早說了我不可能擁有幸福的。她會下意識否定掉自己的正向情緒，反而對消極情緒很寬鬆。而當她想走出這種狀態時，又會下意識否定自己的積極努力和行為。

比如說：當她跑步，堅持了一兩天，因為某種原因而中斷時，她會說，自己果然沒毅力，看來自己註定一輩子這樣。哪怕他堅持了很久很久，她也會想自己這麼久的努力都白費了，自己還是沒一直堅持下去。也就是說，有抑鬱情緒的人，都會下意識地培養自己的挫敗感，而打擊自己的成就感。所以，如果想徹底走出抑鬱症，就必須徹底重建自己的思維模式。

2．罪責歸己

這種不良認知是「內疚之母」。具體表現為：在你的生活中發生的任何一個負性事件，儘管與你無關，你都會武斷的認為，事情之所以發生了，這都是你的錯，或者它證明了你的無能。例：男朋友今天生病了，你會直接想到：都是我不好，我沒有照顧好他，我不是一個稱職的女朋友，因而心生內疚。

「罪責歸己」會讓你感到極端的內疚，你強大的責任感會迫使你背負整個世界，會讓你喘不過氣來。你混淆了「影響他人」和「控制他人」的概念。需要認識到，無論你的身份是什麼？你都會在一定程度上影響他人。但是，最終別人愛怎麼做，那是他的事情，你無法控制，是不是？

3．非此即彼

這種不良方式引發的最糟糕的作用就是在看待人或事情的時候，你就會有絕對化的傾向。比如說：你在一次考試中失利了，你就會想，我很失敗，我就是一個廢物。但實際上，你只是一次考試失利而已，沒有人會一輩子都考得很順利，也沒有人每次都能得到A。所以，這種非此即彼的思維從本質上而言，就是一種完美主義的表現。它會讓你害怕任何錯誤或不完美之處。

而這種思維方式是不現實的，因為生活中很少有這種兩極分化的極端現象，沒有人是絕對的聰明或愚蠢，也沒有人是絕對的美或醜。生活中不僅只有黑白，還有灰色地帶。

4．以偏概全

這種思維方式讓你武斷地認為：某一件事如果在你的身上發生過一次，那麼它就會反複發生，從而導致最糟糕的結果。生活當中這種偏差的思維方式可能每一個人都曾經有過，但如果大部分事件你都往這個方面去考慮的話，那麼對你的生活影響面就非常大了。

曾經有一位28歲的男性艾德，因為深受情感困擾的問題找我諮詢：

他說：我喜歡這個女生，上次鼓足勇氣想約她出來，但不湊巧，她說她當天正好有事，所以拒絕我了。

因此，這位男生的思維模式就是：我長得一般般，也不是湯姆·克魯斯，這樣的我永遠都找不到女朋友，沒有人願意和我約會，我這輩子肯定要做一隻單身狗了。

不難看出，這個男生的思維方式是：他斷定這個女生只要拒絕她一次，那麼以後就會一直拒絕自己，而且所有的女生都不會和自己約會。因此，從這個角度，他得出了一個最終的結論，那就是，我一輩子都結不婚了。

但事實上，在諮詢過程中，我們發現，這個女孩只拒絕了他一次，而且當天確實有事需要處理，這個男生只約了她一次。他不是被命運打敗了，而最終是被自己以偏概全的錯誤的思維方式給打敗了。

5．選擇性過濾

心理學當中有過這樣一個實驗，當同時呈獻給抑鬱症患者兩個面孔，一個是喜悅的，一個是恐懼悲傷的。抑鬱症患者的第一眼注意到的是那個悲傷的面孔，很少去注意帶有愉悅的面孔，甚至是中性的面孔。總體來看，抑鬱症患者會有這樣一個心理加工傾向：在生活中也是會用更多的時間去注意負面情緒或事件，還會經常回憶一些不愉快的，不好的事情。

這樣的思維方式會讓你可以從生活中任意一種情境中挑出消極的信息，反複回味，然後你就會覺得這個世界就是消極的了。所以，當你情緒抑鬱時，你就好像戴上了一副有色眼鏡，這個鏡片會過濾掉任何正面的內容。而你自己是意識不到這個「過濾流程」的，因此你會覺得一切都是負面的，這會讓你隨不必要的痛苦。

6．災難化

這種思維方式最大的特點是「放大」和「縮小」，怎麼說呢？具體表現為，你會習慣性地把某些事實要麼過於放大，要麼過於縮小。有趣的是，你往往會放大自身的錯誤、不完美或恐懼的情緒，並且誇大它們的重要性和災難性的後果。

好比你在某次會議上說錯了一些原先準備好的內容，你的災難化思維模式就會很自然的出現在你的腦海中：天哪，我居然犯了這樣的錯誤，太可怕了，全公司的人馬上都會知道了，我的名聲全毀了！因此，你是在用放大鏡查看自己的錯誤，這樣的話，這個錯誤就變得非常巨大，你非常成功的將一件普通的負面事件轉化成為了一個災難性事件。但事實上，你說錯了哪些內容，其它同事未必知道，而且，即使是知道了，難道他們真的就會因為這個小小的失誤而對你另眼相待嗎？不可能！

同樣，對於你自己的優點，你會用縮小鏡去看。你會忽視自己的優勢部分，讓它們變得很渺小，無足輕重。通過這種災難化的思維方式，你成功地讓自己變得越來越自卑了。

7．歸因偏見

這種歸因偏見，總結來說就是：對正向事件的外歸因，對負面事件的內歸因。這是一種更離譜的心理錯覺，明明一件事情正在往好的方向發展，或者有一些中性的信號，有這種思維模式的人就會往往把它們歸因或解釋為危險的前兆，把這些正面的體驗轉換為負面體驗。有的人會有一個自責的傾向，認為好的都是別人乾的，壞事都是自己幹的。而大多心理健康人群傾向於對正向事件內歸因，負面事件外歸因。

當你因為某件事受到別人的稱讚時，這種思維方式會告訴你：這只是他們表面上的客氣，與我無關。還有一些女生，如果別人表達說很喜歡她，她會說：這些人並不了解我，我其實是一個很糟糕的女人，沒有人會真正喜歡我。

因此，擁有有這種思維方式的人，可以在很短的時間內將快樂變為煩惱，將正向體驗轉化為負面體驗。不過，你可能自己都不知道自己在做些什麼。

8．亂貼標籤

給自己貼標籤意味著用錯誤來樹立一個完全負面的自我形象。它是一種極端的以偏概全的形式，其背後的理念就是「衡量一個人時，要以他的錯誤為尺度。」只要用開頭為「我是一個……」的句子描述你的錯誤，你就很可能是給自己貼標籤。

例如：你因為投資股票失利了，這時候，你就很可能會給自己貼標籤，說：我就是一個笨蛋，我就是一個沒用的人。但事實情況是，股市有漲有跌，你只是偶爾判斷失誤而已。所以，你只是犯了一個錯誤罷了。

給自己貼標籤不僅是自尋煩惱，而且還很荒謬愚蠢。因為，請你記住：你的自我不能等同於你做的任何一件事。

另外，亂貼標籤會使你在描述事情時，使用不準確的字眼，而且過於感情用事。比如：當你面對一盒冰淇淋的誘惑，但是又想減肥的時候，你會這樣想：我恨死我自己了，我真是一頭豬。這種想法會讓你很心煩，然後最大的可能就是，你會感情用事，直接把冰淇淋全部掃光。

9．情緒化推理

這種思維方式就是：你把情緒當成了事實的依據。你每次的情緒低落，幾乎都有情緒化推理在起作用。在你看來，事實是如此不順利，那麼實際情況就肯定是這樣，你甚至都沒有想到過要去質疑導致你這種感覺的假設是否正確。

這種推理是一種誤導，因為你的感覺反映的只是你的想法和信念，如果它們是歪曲的，那麼你的情緒就會失去了正確性。

——我感覺內疚，那我肯定是做錯了什麼事。

——我感覺到很崩潰，那麼我的問題肯定是無法解決的。

——我沒心情做事，所以我不如躺在沙發上發獃。

——我覺得自卑，那我肯定是一個沒用的人。

情緒化推理的一個常見後果就是做事拖拉。家裡的衛生一周都沒有打掃了，是因為你告訴自己：一想到這些亂七八糟的家務活，我都煩死了，看來想打掃乾淨是很難的了，那麼就不如不做了，等以後再說吧！

但事實上，家裡的衛生打掃工作並沒有你想像中的那麼糟糕，你一直在進行自我欺騙，這是因為你習慣於讓消極的感覺指引你的行為方式所導致。

10．自我評判

你總是不自覺地對自己、別人和事物作出一些好與壞、優與劣的評價，而不是單純地描述、接受和了解。這種思維方式主要表現在：你經常任意地判斷事情，總覺得它們不完美。

——他的籃球打得多棒，而我呢，就算是打了一個學期，都還是不如他。

——瞧瞧他，和我同時進公司，他已經成為部門主管了，而我卻一事無成。

當我們將自己與別人或其它事物作對比的時候，往往傷害最大的就是我們的自信心、自尊心。要知道，這個世界不是完美的，我們每一個人也無法做到完美。但有著這樣思維模式的人，卻一直對自己苛求完美，進行自我加壓，這將成為導致他抑鬱的重要因素。

11．妄下結論

在沒有經過調查實證的情況下，便迅速武斷的得出負面結論。這樣的思維方式有兩種——讀心術和先知錯誤。

「讀心術」是什麼呢？簡單來說，就是主觀臆斷，揣測別人的想法，並且將其負面化。例如：當你下班後和伴侶一起吃飯，她卻表現的悶悶不樂，你就會產生這種自動化思維：她在生我的氣，我是不是做錯了什麼？但事實上呢，如果你願意多問她一句，你就會知道，她只是今天在公司里和同事鬧了一些不愉快的事情而已。

但如果你持有這種讀心術，你這種想當然的負面反應，就可能會讓你採取疏離態度，或者故意也不理她，讓關係陷入僵局。這種自尋煩惱的行為模式就會形成自證預言，讓我們的人際關係出現不和諧的狀態。儘管在一開始其實什麼事兒也沒有。

「先知錯誤」有點像是未卜先知，而你預測的，一定是你不幸的內容，而不是好運的時刻。這種思維模式讓你認為會有倒霉的事情發生，讓你信以為真。比如說，當你生病的時候，你會想：我要死了，我肯定治不好了。這種對康復情況的自我預言太過於消極，以至於讓你心生絕望。

如果將以上兩種妄下結論的思維方式結合在一起，舉例說明的話：

假設你打電話給你的一個朋友，但一直無人接聽。

你等了很久，他還是沒有回覆。你便會認為他就是不想回電話，不想和你聯繫了。——讀心術的結論。

然後，你會更生氣，決定再也不會主動打電話給他了，因為你會認為：我再給他打電話，他就會認為我在糾纏他，我可丟不起這個人。——消極的預言，先知錯誤。

此後你會在行為上躲著那個朋友，並將此事視為奇恥大辱。

但事實上呢，這位朋友因為在國外旅遊，確實沒有接到你的電話，你才發現，原來，所有的折磨都是你自找的。

12．應該法則

無論對自己，還是面對他人，你都會試圖用「應該」的句式來鞭策自己，或要求他人。

你總是對自己說：我應該做這個，我必須那樣做。但這樣的思維方式只會讓你感覺到壓力山大，繼而心生怨恨。而大多數情況下，你會變得意志消沉、灰心喪氣。因為，當你自己的實際表現低於預期標準時，你用「應該」或「不應該」就會使自己感到羞愧內疚，更加痛恨自己。

而當你把你的「應該法則」強加於別人的時候，你更會感到沮喪，因為這種想法只會讓你失去控制，煩躁怨恨。如果他人的道德行為低於你的預期，你就會把自己當做正義的化身，繼而忿忿不平。這個時候，要麼你降低自己的期望值，要麼就永遠對不符合你期待的人類行為耿耿於懷，讓自己的情緒越來越糟糕。

這樣的思維方式會讓你局限在自我框架和設立的標準中，會讓你活得越來越辛苦，越來越心累……

「要活得好！」

簡單的說法就是：除了生理機能健康外，精神方面也要無所拘束，神清氣爽。

不過，話說簡單，生活並不簡單！

所幸，人的力量永遠比自己所想像的還偉大！你絕對會有辦法走過來，因為只要你的思維改變了，你的人生也會跟著改變。儘管你銀行的戶頭沒有多出一毛錢，可你心中已開始有正向思考的能力，那麼從現在起就好好善用你這份新能力吧！

結語

如果說，那個人在人生的旅途上是一個沒有任何誤區的人，這種人似乎是不存在的。但如果不再採取我行我素、自我挫敗的消極作為，則是完成可以實現的，因為它建立在你全然可以自行掌控的行動上。

現在我們來看看這些完全消除了誤區思維與行為的人是怎樣生活的。你將逐步看到，一個與眾不同的人是如何實現自我發展的，他的與眾不同之處就在於：無論何時何地，他都能夠積極地生活。

這些人變得不加任何抱怨地接受自己，他們明白，既然身為一個人，人人當然會有高矮胖瘦，甚至美醜的長相問題。不過，已經是個事實了，那就要好好接受，不再為此自尋煩惱，所謂「快樂」就是認清楚自己、接受自己。

這些真正生活的人的另一個明顯標誌便是誠實。他們說話從不躲躲閃閃，含糊其詞，更不要說欺騙人。在他們看來，說謊是對現實的歪曲。他們也從不欺騙自己。在與別人的關係上，他們從不妄自保護別人。他們知道，每個人都掌握著自己的一切，別人也是如此。或許有人認為他們這種態度太不近人情，但是他們的確是在讓別人做出自己的選擇。他們真正地生活在現實之中，而不是幻想或欺騙之中。

這些人從不埋怨。他們以內心世界支配自己，從不埋怨別人造成了自己的現狀。同樣，他們也不會成天議論別人，或者成天注意別人幹了什麼事或沒有幹什麼事。他們從不背後議論別人，有什麼總是當面交談；他們從不埋怨別人，而是幫助別人分析問題的客觀原因。他們不說別人的八卦，也不傳播壞消息。他們的生活是充實的，所以他們根本無暇顧及別人所津津樂道的閑話、議論等等。實幹家們會確實工作，評論家們則只會埋怨、抱怨。

這些人並不十分注重有條理地安排生活。他們從不強求別人或事物非得符合某種要求不可。他們認為，每個人都有選擇權；如果為生活瑣事不愉快，完全是他自己選擇的結果。他們並不認為世界非得這樣或那樣，因而並不要求世界非得按他們的意願發展。在任何情況下他們都能確實生活，如果客觀環境與內心意願相吻合，他們自然會欣然接受。對他們來說，有條理地安排生活只是為了更好地生活，而不是為安排而安排。

這些人在生活中有主見，從不處於被動地位。他們從不耍小聰明。他們不會為贏得別人的贊許而穿某種衣服，也不會怕別人誤會而拼命解釋其言行。他們純樸自然，不會因大事或小事鬱鬱不樂或糾纏不休。

在遇到不同觀點時，他們不是言語激烈的辯論家，他們只是發表自己的看法，傾聽別人的觀點，而不是努力說服對方改變觀點。他們只會說，「就這樣吧，我們可以各持己見，並不非得統一觀點。」他們以見仁見智的態度對待不同觀點，而不是非要爭個高低或非使對方意識到其觀點的荒謬。他們並不怕因此而給別人一個壞印象，因為他們只是保留自己的觀點，也沒有排斥別人的看法。

最為重要的是，他們愛自己。他們以發展為動力，只要有可能，就總是提高自己，改進自己。他們不會自我憐憫，不會自我擯棄，也不會自我嫌惡。要是問他們「你喜歡自己嗎？」他們會響亮地答道，「當然啦！」他們的確是與眾不同的人。

在他們看來，每一天的生活都是愉快的，他們與別人一起享受歡樂，愉快地生活。他們並非不會遇到問題，但當遇到問題時，他們不會陷入惰性。他們衡量精神愉快的標準並不在於是否摔了跟頭，而在於摔了跟頭之後如何繼續生活。他們會躺在那裡哀嘆自己的不幸嗎？不。他們會從地上爬起來，撣去身上的塵土，吸取教訓，以新的姿態繼續前進。消除各種誤區的人並不一味追逐幸福；他們只會改變思維，正向面對生活，並在生活中得到自然的幸福。

所以，本書說的並不是什麼大道理，它只是指出一個方向，而來讓你做選擇，決定權還是在你的手上，只要你充分利用現在，努力實現自我發展，你也會成為一個消除了所有誤區的人。想想吧，消除所有誤區——這是一件令人振奮、令人愉快的事——如果你願意，現在就可以馬上做出第一個選擇！

國家圖書館出版品預行編目資料

思維誤區／林郁編著；初版 -- 新北市：新潮社文化事業有限公司，2022.12
面；　公分
ISBN　978-986-316-850-8（平裝）

1.CST：自我肯定 2.CST：自我實現 3.CST：生活指導

177.2　　111015446

思維誤區

林郁編著

【策　劃】林郁
【制　作】天蠍座文創
【出　版】新潮社文化事業有限公司
電話：(02) 8666-5711
傳真：(02) 8666-5833
E-mail：service@xcsbook.com.tw

【總經銷】創智文化有限公司
新北市土城區忠承路 89 號 6F（永寧科技園區）
電話：(02) 2268-3489
傳真：(02) 2269-6560

印前作業　菩薩蠻電腦科技有限公司

初　　版　2023 年 01 月